Klaus Berger

Das Vaterunser

Klaus Berger

Das Vaterunser

Mit Herz und Verstand beten

HERDER

FREIBURG · BASEL · WIEN

Die orientalischen Liturgien werden zitiert nach:
E. Renaudot, Liturgiarum orientalum collectio I–II, Paris 1716.
Die römische Liturgie wird zitiert nach:
A. Schott, Das vollständige römische Messbuch, Freiburg 1957.
Teresa von Avila wird zitiert nach:
Weg der Vollkommenheit. Sämtliche Schriften der
hl. Theresia von Jesus VI, hg. von A. Alkofer, München 1963.

MIX
Papier aus verantwor-
tungsvollen Quellen
FSC® C083411

© Verlag Herder GmbH, Freiburg im Breisgau 2014
Alle Rechte vorbehalten
www.herder.de

Satz: Barbara Herrmann, Freiburg
Herstellung: CPI books GmbH, Leck

Printed in Germany

ISBN (Buch): 978-3-451-33458-0
ISBN (E-Book): 978-3-451-80170-9

Inhalt

Teil II
Auslegung der einzelnen Bitten

Gewidmet den Teilnehmern des alljährlichen
Pastoralkollegs (Pfarrerfortbildung) in der Landeskirche
Brandenburg-Ost seit 1985,
gehalten in Templin und Uenze (Prignitz)

Hölzernes gotisches Sakramentshäuschen im Altarraum
des evangelischen Doms von Uenze. © privat

Teil I
Die Frage nach dem Sinn des ganzen Gebets

1 Worum geht es in dieser Auslegung?

Wussten Sie schon, dass das Vaterunser ein exorzistisches Gebet ist? Dass es speziell auf die Situation der Jünger bezogen ist? Dass es immer wieder zu Kommentierungen gereizt hat, auch schon Jesus selbst? Dass ein Unterschied besteht zwischen »Versuchen« und »in die Versuchung führen«? Haben Sie einmal darauf geachtet, dass im Vaterunser nahezu alle »wichtigen« Themen fehlen? Und in seinem Mittelpunkt steht das Thema Vergeben. Aber Gott vergibt nur, wenn wir zuvor einander vergeben haben. Widerspricht das nicht der Rechtfertigungslehre, macht Gott nicht den Anfang? – Weil das Vaterunser in allen eucharistischen Liturgien steht, wurde die Brotbitte eucharistisch verstanden. Und überhaupt – warum fällt gerade diese Bitte, wo es endlich einmal um die Erde geht, so kurz aus? Und müsste man nicht im Zeitalter der Gender-Ideologien sagen »Mutter unsere«?

Wenn jemand bittet, Gottes Wille möge geschehen – bedeutet dies nicht ein passives Abwarten? Oder möchte er sagen »inschallah«? Ist am Ende mit dem Bösen wirklich der Teufel gemeint, von dem Gott befreien soll – steht der Teufel nicht doch irgendwie in Gottes Diensten? Ist das »tägliche Brot« nun das himmlische Brot (*supersubstantialis,* so Hieronymus für die Vulgata), wie die Scholastik meinte? Ist Gott nicht aus dem Himmel zu befreien, in den wir ihn gerne versetzen?

Und schließlich: Kann man am Vaterunser, wenn man

es vielleicht ein wenig besser versteht, auch heute noch beten lernen?

2 Zur Orientierung

Von den zahlreichen Auslegungen dieses zentralen Gebets beziehe ich mich zur geistlichen Stütze des eigenen Kommentars insbesondere auf Teresa von Avila († 1582), die sich über das Vaterunser folgendermaßen äußerte: »Ich muss staunen, wie in so wenigen Worten die ganze Kontemplation und alle Vollkommenheit inbegriffen ist, sodass es scheint, wir bedürften keines andren Buches und brauchten nur dieses Gebet zu studieren.«

Wir gehen im Folgenden hauptsächlich von der Fassung bei Matthäus aus.

3 Fremdheit verstehen

»Kein Gebet ist uns vertrauter ... Kaum ein Gebet ist uns fremder, wenn wir auf seinen Wortlaut hören« (J. Werbick). Oder »wollen wir es gar nicht mehr darauf ankommen lassen, was denn genau damit gesagt sein soll«? (ders.).

Von einem neutestamentlichen Theologen erwarte ich beides: Information und Theologie. Der Schwerpunkt meiner Auseinandersetzung liegt demzufolge auf einer Fragestellung, die man heute üblicherweise als Meditation,

Theologie oder Spiritualität bezeichnet. Deshalb nenne ich diese Auslegung (auch) »geistlich«. Im Vordergrund steht hier also nicht die historische und religionsgeschichtliche Information (von der die Kommentare genug leisten), sondern ebendas, was in der Regel im Studium zu kurz kommt: das Überschreiten der historischen Auslegung des Textes, wie wir sie seit Nicolaus von Lyra im Westen kennen, hin zu einem Nachdenken über dessen Stellenwert im Hinblick auf das christliche Leben des Einzelnen und der Gemeinde – denn es könnte sein, dass man einen Text erst dann angemessen verstanden hat, wenn man diese wichtigen Fragen mitbedenkt. Aus meiner langjährigen Arbeit mit meinen 60 Doktoranden weiß ich, dass eine derartige Vorgehensweise für beide Seiten stets sehr fruchtbar und anregend ist. Denn unter dieser Voraussetzung rückt zunehmend das Bestreben in den Mittelpunkt, das Wort Gottes nicht in den Grenzen eines wissenschaftlichen Objektes zu belassen, sondern ihm die Chance zu geben, sich im Miteinander neugieriger Menschen zu offenbaren und dabei auf kritisch-produktive Weise selbst die Gesprächsführung zu übernehmen. So wird aus der »Sache« lebendiges Wort, das nicht länger im Dienst einer gleichsam gewaltsam ideologisierenden »Verwendung« steht.

Diesbezüglich stellt die oben zitierte Proklamation, die einem Vortrag von J. Werbick entnommen ist, stets der notwendige zweite Schritt der Annäherung an einen Text dar. Dies zeigt sich beim Vaterunser besonders eindrücklich: Jegliche neue Einsicht ist das Resultat einer nunmehr ange-

näherten und verstandenen Fremdheit. Ein Text kann nämlich nur dann wirksam werden, wenn er in der Lage ist, Ver-
änderungen anzustoßen, wenn er nicht repetiert, sondern
immer wieder neu gelesen wird. Der Maßstab ist dabei
nicht die Originalitätssucht des Auslegers und ihre Befriedigung, sondern das verborgene und bislang nicht genutzte
Potenzial eines Textes. Möglicherweise hängt diese Haltung auch damit zusammen, dass ich in Sichtweite (und
Riechweite) eines Bergwerks – überdies einzige Förder-
stätte für Gold in Westeuropa – aufgewachsen bin. Grund-
bedingung für diese Entwicklung war, dass man im
19. Jahrhundert das »neue Lager« entdeckt hatte. So hat im
Bergbau ausnahmsweise das Wort »Ausbeute« eine positive
Bedeutung erhalten.

Somit erkläre ich unumwunden: Ich möchte in diesen
Studien im Wesentlichen nur das mitteilen, was für mich
selbst neu und anregend ist. Also das, was mir nach meinem
Kommentar zum Neuen Testament (2011) und nach den
langen Jahren des Verfassens von »Sonntagsmeditationen«
für die »Tagespost« ein- und aufgefallen ist. Die meisten
neuen Einsichten verdanke ich in diesem Zusammenhang
der Lektüre alter und entfernter Texte (zum Beispiel der
ostkirchlichen Liturgien oder westkirchlicher Mystiker) –
und damit dem Rückgriff auf Überlegungen und Gedan-
kengänge, die ich noch nicht angestellt hatte, zumindest
nicht in dieser Verbindung mit dem neutestamentlichen
Text.

4 Das Vaterunser ist ein Gebet

Zu den Themen, die unbedingt theologisch wiederentdeckt werden müssen, gehört das Gebet. An keiner Stelle wird das Auseinanderdriften von kirchlicher Frömmigkeit und wissenschaftlicher Theologie so deutlich sichtbar wie hier. Denn selbst die wissenschaftliche Beschäftigung mit Formen der Frömmigkeit fällt unter das Verdikt, dass Wissenschaft und Frömmigkeit unvereinbar seien. Der grassierende Mangel an Darstellungen über das frühchristliche Gebet belegt dies deutlich genug. Dabei gibt es viele bewegende Beispiele dafür, wie die altorientalischen Liturgien aus dem Vaterunser gelebt haben. Andererseits habe ich jedoch noch nie erlebt, dass in einer Darstellung der Bibel oder ihrer Wirkungsgeschichte auch nur eines der zehntausend Gebete zitiert worden wäre, die im Corpus Orationum seit Jahrzehnten gesammelt gut zugänglich vorliegen, ganz zu schweigen vom Corpus Praefationum und vom Corpus Benedictionum Pontificalium. Nein, als Theologe betet man nicht und beschäftigt sich auch nicht einmal wissenschaftlich mit diesem Thema; das eine gilt als so verheerend wie das andere. Erst in den beiden letzten Jahren deutet sich zaghaft ein Wandel an (vgl. K. Haacker: *Was Jesus lehrte. Die Verkündigung Jesu – vom Vaterunser aus entfaltet.* Neukirchen 2010). Dieses Versäumnis ist umso bedauerlicher, als unter den abrahamitischen Religionen besonders herausragend das Christentum eine Religion des Gebets ist.

Darüber hinaus stellt das Gebet die Antwort des Menschen auf das Wort Gottes dar (vgl. meinen Artikel *Gebet IV* in TRE 12, 1987, S. 47–60) – eine Antwort, die zeitlich gesehen vor und nach allen anderen Äußerungen des Glaubens steht. Der Vorrang des Gebetes rührt diesbezüglich daher, dass sich Offenbarung und Gebet des gleichen Mediums bedienen: der Sprache.

5 Ein Gebet Jesu

Das Vaterunser ist im ältesten Christentum stets als »das« Gebet Jesu überliefert – und zwar in Mt 6,9–13, in Lk 11,2–4 und außerhalb des Kanons in der Lehre der Zwölf Apostel (Didache) Kapitel 8 (deutsch bei Berger-Nord, S. 307). Während wir bei vielen Jesus-Texten meinen, sie verstanden zu haben, kann das im Hinblick auf das Vaterunser niemand im Ernst von sich behaupten. Diese Beobachtung ist kein Grund zur Resignation, sondern ein Anreiz, auf der Basis eines fundierten historischen Wissens nachzudenken und gerade in der Auseinandersetzung mit dem ureigensten Gebet Jesu (natürlich gibt es auch Leute, die selbst das bestreiten) die verschiedenen Interpretationsmöglichkeiten bis in die letzte praktische Konsequenz durchzuspielen.

6 Was fehlt im Vaterunser?

Es gibt Themen oder Stichworte, die man vergeblich im Vaterunser sucht. Die legitime Gegenfrage zu den vielfältigen Auslegungsmöglichkeiten des Textes bezieht sich demnach auf jene Dimensionen, die hier nicht oder kaum thematisiert werden: Was kommt zu kurz? Warum hat Jesus aus vielen Möglichkeiten gerade diese Auswahl getroffen (die bei Lukas noch weniger umfangreich ausfällt als bei Matthäus)?

So fehlt im Vaterunser jeder Bezug auf Israel (inklusive Gesetz, Beschneidung, Verhältnis zwischen Israel und Heiden, Väter und Geschichte Israels); es fehlt die Auseinandersetzung mit den Themen Arm/Reich, Heiliger Geist (inklusive Charismen, Heilungen, Exorzismen), Obrigkeit, Kirche, Taufe, Eucharistie, Sexualität, Frauen, Kinder, Fremde, Leid und Kreuz (konsequenterweise vollzieht sich nach dem Vaterunser Sündenvergebung auf andere Weise als durch Christi Blut). Auch von der Naherwartung ist nicht die Rede, denn wann und wie Gottes Reich kommen soll, bleibt dahingestellt. Zudem werden die Dimensionen von Martyrium und Zeugnis der Christen unberücksichtigt gelassen. Vor allem jedoch ist von (tätiger Nächsten-)Liebe jedenfalls dem Wortlaut nach nicht die Rede – thematisiert wird lediglich das Vergeben, das aber doch offenbar nicht ausreicht, sondern allenfalls einen schüchternen Ansatz darstellt. Ebenso bleibt die aus der Bergpredigt geläufige Ethik der Gewaltvermeidung unerwähnt – auch hier erscheint der Hinweis auf die Vergebung als ein in moralischer Hinsicht eher dürftiger Ersatz. Es ist möglich, sich diese Dimensionen jeweils hinzuzudenken, besonders dann, wenn man – wie K. Haacker es tut – Verbindungsbrücken zu allen möglichen Themen herstellt. Nichtsdestotrotz gebietet die exegetische Redlichkeit das Eingeständnis, dass hier aus den möglichen und – wie das Neue Testament zeigt – ja auch wirklichen Themen nur eine kleine Auswahl getroffen wurde.

Diese jedoch bietet ausreichend Potenzial für eine intensivere Auseinandersetzung, die sich gemäß der oben skizzierten Herangehensweise vollziehen soll. Dabei handelt es sich, wieder in der Bergmannssprache ausgedrückt, nicht um eine Armerzaufbereitung, sondern um das Nutzen jeder sich bietenden Möglichkeit, mit den Mitteln des Historikers die Tiefendimension der Worte Jesu zu ergründen und nicht etwa auf unrechtmäßige Art und Weise etwas in sie hineinzulesen. Das Vaterunser bietet nicht Armerz oder Schlacke, sondern eine so reiche und kompakte Verbindung edelster Metalle, dass man verschiedene Methoden des Flutens anwenden muss, um sie einzeln bewundern zu können.

7 Verschiedene Modelle, das Vaterunser zu verstehen

Es gibt verschiedene mögliche Lesarten des Vaterunsers, die sich insbesondere hinsichtlich der zugrunde gelegten Fragestellungen voneinander unterscheiden. Der alte hermeneutische Leitsatz, dass jede Fragestellung zu andersartigen Lösungen führt, bewahrheitet sich beim Vaterunser besonders eindrücklich, weil es sich hier um einen überschaubaren Grundtext handelt. Der Exeget stellt infolgedessen nicht definitiv und letztmalig den »Sinn« eines Satzes fest, sondern er rechnet damit, dass mit jeder neuen Fragestellung der Text bislang verborgene Geheimnisse preisgibt. Damit enthüllt nicht nur jede Lesart ehemals »Unbekanntes«; vielmehr wird darüber hinausgehend auch ein immer wieder neuer Zugang zu Teilen der Botschaft Jesu eröffnet, die außerhalb dieses Gebetes liegen.

Dieser Zugang zum Vaterunser unterscheidet sich sehr stark von jenem, den K. Haacker anwendet: Während jener versucht, jeden Satz des Gebets mit analogen Themen und der Gesamtbotschaft Jesu zu verbinden, bemühen wir uns hier um einen Ansatz, der sich eines oszillierenden Perspektivenwechsels bedient. Demnach wird beispielsweise die Frage aufgeworfen, wie es wäre, wenn man das Vaterunser als jüdischer Pharisäer lesen und deuten würde. Im Licht dieser wechselnden Blickwinkel besagen die einzelnen Sätze etwas anderes, als wenn ich sie vom konsequent heidenchristlichen Standpunkt her deuten oder versuchen würde, die Perspektive eines christlichen Bischofs aus dem 2. Jh. n. Chr. einzunehmen. Denn jede dieser Gruppen konnte das Vaterunser anders lesen und verstehen – und genau darin liegt sein Reichtum. Dabei ist mein Interesse allerdings nicht vorrangig historisch ausgerichtet, weshalb es weniger um die Auseinandersetzung mit der Frage gehen soll, wie ein Pharisäer des 2. Jh. n. Chr. das Vaterunser gelesen haben könnte. Mich interessieren vielmehr Modelle, die eine Hilfestellung für eine angemessene Lektüre in der heutigen Zeit liefern (zum Beispiel im Todesfall oder bei einer Taufe). Aber nicht die Kasualien, sondern bestimmte Arten, theologisch zu denken, stehen hier im Zentrum der Betrachtung. Diesbezüglich sollen vor allem folgende Modelle bzw. Lesarten näher beleuchtet werden: Zum einen wird das Vaterunser sowohl vor dem Hintergrund der apokalyptischen Botschaft Jesu als auch im Rahmen der christlichen Besonderheit der Trinitätslehre betrachtet; zum anderen soll es als liturgisches Gebet interpretiert oder von der Botschaft der Vergebung her ausgedeutet werden, der hier offensichtlich – im Gegensatz zu den anderen Texten der Evangelien – eine zentrale Bedeutung zukommt. Weiterhin wird der Frage nachgegangen, wie sich das Vaterunser von einer Kreuz- und Sühnetheologie her liest – denn wir beten es oft vor dem Kreuz. Auch eine Untersuchung des Gebets in Anbetracht der Reichsbotschaft Jesu (wie sie besonders in der ersten Hälfte des 20. Jhs. geleistet wurde) oder der Theodizeefrage (was in der Praxis oft geschieht) erhält einen wichtigen Stellenwert. Letztlich stellt sich auch die Frage, welche Funktion das Vaterunser dem Gebet beimisst oder welche Aufgabe dem Bösen zukommt. Wie bereits erwähnt, sollen diesbezüglich auch jene Dimensionen erläutert werden, die im Vaterunser eine nur untergeordnete Rolle spielen oder gar nicht enthalten sind.

Dieses Vorgehen unterscheidet sich auch erheblich von dem Ansatz Jürgen Werbicks, der in seinem Buch *Das Vaterunser* jeden Teil des Gebets als Baustein zur Etablierung einer eigenen systematischen Theologie nutzt. Systematisch denken möchte ich auch, im Unterschied zu Werbick jedoch nicht linear, indem nur ein einziger Pfad verfolgt wird. Im Übrigen verurteile ich die Darstellungen von K. Haacker und J. Werbick nicht; es soll lediglich eine Abgrenzung vorgenommen werden, um die eigene Vorgehensweise klarer und deutlicher profilieren zu können.

7.1 Im Rahmen der apokalyptischen Botschaft Jesu

»Vater«: Nach der zentralen Verheißung des Alten Testamentes und des Judentums (Bundesformel) soll und wird Gott der Vater sein, sein Volk aber die Kinder. So kann der Bund am Ende in der Beziehung zwischen Vater und Kindern erfüllt werden (vgl. Apk 21,3).

»Reich«: In einer »Offenbarung des Reiches Gottes« besteht das Ende aller Dinge. Bis dahin ist Gottes Reich verborgen, es beginnt mit der Erfüllung der Gebote, liturgisch mit dem Beten des Hauptgebotes dreimal am Tag. Das »tausendjährige Reich« ist die endgültige Erfüllung aller irdischen (!) Verheißungen Gottes.

»Kommen«: Das apokalyptische Judentum versteht das Ende wie die Ankunft eines Herrschers. In dem Gebetsruf

»Maranatha« (Unser Herr, komm) ist diese Sehnsucht erhalten.

»Dein Wille geschehe«: Die Träger des Kommenden gibt es jetzt schon, es sind die Gerechten und um der Gerechtigkeit willen Leidenden. Stichworte: Bergpredigt und Gethsemane. Im Judentum wird der »Wille Gottes« etwa in den Mahnreden Henochs präzisiert (äthiopisches Henochbuch K. 96–99).

»Tägliches Brot«: In den Hungersnöten der Endzeit bricht eine Not an, in deren Verlauf das Tägliche nicht mehr gesichert ist (vgl. Mk 13,9).

»Vergebungsbitte«: Gott wird nach Jer 31,31 den Neuen Bund verwirklichen. In diesem wird er der Sünden seines Volkes »nicht mehr gedenken«.

»Versuchung«: Der Teufel ist der Widersacher, der mithilfe der Versuchung vor allem die Menschen zum Abfallen verführen möchte. So wird der Unglaube der Endzeit entstehen. Denn die Menschen haben die Orientierung verloren; sie können zwischen Gut und Böse nicht mehr unterscheiden.

»Befreiung vom Bösen«: Das Böse und seine Folgen werden besiegt.

»Denn dein ist das Reich«: Am Ende aller Dinge steht unangefochten Gottes Herrlichkeit. An dieser soll der Mensch teilhaben.

7.2 Als liturgisches Gebet

Der Kult, die Liturgie, bedeutet jedes Mal ein Stück des Kommens Gottes. Daher blicken im romanischen Kirchbau die zum Gottesdienst versammelten Menschen dem kommenden Herrn (oft ausweislich der Freskomalerei) entgegen. In der Offenbarung des Johannes werden die Strafgerichte auf Erden als Teil und Folge des himmlischen Gottesdienstes gesehen. Denn Weihrauchkohle wird vom himmlischen Altar genommen und auf die Erde geworfen (vgl. Apk 8,1ff.). Die Anbetung Gottes im Kult ist Teil des himmlischen Sieges (vgl. Apk 11,15). Die irdische Liturgie ist immer wieder neu der Anfang der auf das Ende hin notwendigen Verwandlung.

7.3 Im Rahmen des Trinitätsglaubens

»Unser Vater«: Die Rede vom Vater setzt eine Kindschaft der Betenden voraus. Diese Kindschaft ist nicht schon mit der Schöpfung gegeben, sondern wird stets mit der gestifteten Verbindung durch den Heiligen Geist begründet: Weil der Heilige Geist die intensivste Beziehung zwischen Gott und Mensch ist, kann er als Initiator der Gotteskindschaft

betrachtet werden (wie bei Jesus nach Mk 1,10f.). Hierher gehört auch Eph 2,18: In der Person Jesu Christi haben sowohl Juden- als auch Heidenchristen den Zugang zum Vater durch den einen Geist. – Die Stichworte »Vater« (was Kinder impliziert) und »Geist« weisen darauf, wie dieser Zugang, diese Nähe zustande kommt, nämlich durch Anteilhabe am Geist. Das heißt: Wer den Geist Gottes empfängt, wird Kind Gottes und darf als Kind freien Zugang zum Vater haben. – Dieses Thema wird auch in Röm 5,2 (Zugang) und 5,5 (Liebe Gottes durch den Heiligen Geist) behandelt. Nur wird hier die Liebe speziell in dem Sterben Jesu Christi für die Gottlosen erwiesen (5,8b).

Insofern der freie Zugang zu Gott immer zugleich auch Redefreiheit (gr.: *parrhesia*) bedeutet, wird auch die Einleitung zum Vaterunser (»Wagen wir zu sprechen …«) verständlich (vgl. z. B. auch Hebr 4,16: »Lasst uns also mit Zuversicht zum Thron der Gnade hintreten«). Folglich ist der freie Zugang zum Vater gleichzusetzen mit der Freiheit, sagen zu dürfen, was einem am Herzen liegt. Oft wird diese Nähe und Freiheit durch den Heiligen Geist gewährt, ebenso aber auch durch den stellvertretenden Sühnetod Jesu.

»Geheiligt werde dein Name«: Manche der alten Exegeten deuten diese Aussage folgendermaßen: Gott legt durch den heiligen Geist seinen Namen in uns hinein (vgl. Phil 2,9f.) und macht uns dadurch zu Heiligtümern. Die Heiligung des Namens geschieht auch dann, wenn Menschen im Gebet den Namen Gottes anrufen. Das Gebet aber

ereignet sich, wann immer darüber nachgedacht wird, aus der Kraft des Heiligen Geistes.

»Dein Reich komme«: In den älteren Versionen (Markion; Syro-Sinaiticus) von Lk 11,3 ist die Reichsbitte durch die Geistbitte ersetzt: »Dein Heiliger Geist komme auf uns und reinige uns.« Analog hierzu kann die Tatsache, dass Jesus mithilfe des Heiligen Geistes Dämonen und unreine Geister vertreibt, auch als Kommen des Reiches verstanden werden (Lk 11,20: »Wenn ich aber die Dämonen mit Gottes Finger austreibe, dann ist Gottes Reich zu euch gekommen.« Bei Mt ist in 12,28 statt vom Finger Gottes vom Heiligen Geist die Rede).

»Dein Wille geschehe«: Nach jüdischer Erwartung kann der Mensch dann nach Gottes Willen handeln und die Gebote erfüllen, wenn Gott seine Gebote und seinen Geist in die Herzen der Menschen legt (vgl. Ez 36,26).

»Vergebung der Schuld«: Nach Joh 20 haucht Jesus die Jünger an (mit Heiligem Geist) und gibt ihnen dadurch die Vollmacht, anderen Menschen ihre Sünden zu vergeben. Denn Sündenvergebung ist eine Art Neuschöpfung durch den Heiligen Geist.

»Versuchung«: Gemäß der Aussage der Gethsemane-Geschichte erhalten die Menschen die Kraft, den Versuchungen zu widerstehen, durch den Heiligen Geist (vgl. Mk 14,38). Demnach wird die Schwäche des »Fleisches« (Ver-

führbarkeit, Bereitschaft zur Sünde) durch den Geist besiegt. Die Bitte, in der Versuchung standhaft zu bleiben, kann somit als Bitte um den Heiligen Geist gedeutet werden (vgl. Mk 14,38).

7.4 Als Botschaft der Vergebung

Schon in der lateinischen Übersetzung des Vaterunsers wird etwas unberücksichtigt gelassen, das doch nach Jesu Verständnis dieses Gebetes offenbar vorrangig und grundlegend ist. In der lateinischen Version der Vergebungsbitte heißt es: »et dimitte nobis ... sicut et nos dimittimus« (»Vergib uns, ... wie auch wir vergeben«); diese Übersetzung wurde im Deutschen konfessionsübergreifend übernommen. Im Griechischen heißt es dagegen: »Und vergib uns ... wie auch wir vergeben haben«. Hier wird das griechische Verb *aphekamen* verwendet, das der grammatikalischen Form nach ein Resultativ-Perfekt darstellt. Analog hierzu äußert sich bereits Jesus selbst nach Mt 6,14f.: »Wenn ihr nämlich den Menschen ihre Verfehlungen vergebt, wird euer himmlischer Vater auch euch vergeben. Wenn ihr aber den Menschen nicht vergebt, dann wird euer Vater auch euere Verfehlungen nicht vergeben.« Ganz eindeutig bindet Jesus daher die Vergebung durch Gott an die vorgängige Vergebung, die Menschen anderen Menschen gewähren. Das ist schon im Buch Sirach 27,30–28,5 der Fall: »Vergib deinem Nächsten das Unrecht, dann werden dir auf dein Gebet hin auch deine Sünden erlassen. Einer hält gegen den anderen am Zorn fest, und doch will er beim Herrn Heilung suchen? Mit seinesgleichen hat er kein Erbarmen und bittet doch wegen seiner eigenen Sünden? Er selbst ist nur Fleisch und hält am Groll fest, wer wird da seine Sünden vergeben?« Und das Gleichnis vom unbarmherzigen Sklaven in Mt 18,23–35 lässt sogar verlauten: Wenn der Mensch seinem Nächsten nicht wenigstens nachher vergibt, war alle Vergebung umsonst.

Die Vergebung der Sünden zwischen Gott und Mensch und die vorgängige Vergebung zwischen den Menschen ist für das Vaterunser das bedeutsamste Anliegen: Die Christen vergeben einander, und dann vergibt Gott. Er behält die Sündenvergebung in der Hand. Sie geschieht jedenfalls hier nicht durch die Wassertaufe auf den Namen des Vaters, des Sohnes und des Heiligen Geistes. Mt 28,19 erwähnt nichts von der Sündenvergebung, wie der Evangelist auch schon bei der Taufe durch Johannes den Aspekt der Sündenvergebung weggelassen hat. Im Unterschied zu Markus und Lukas ist die Taufe des Johannes somit keine »Umkehrtaufe zur Vergebung der Sünden«. Dies wirft die Frage auf, wie die – als zentrales Ereignis des Christwerdens am Anfang stehende – Sündenvergebung nach Matthäus denn dann zustande kommt. Insbesondere im Gleichnis vom unbarmherzigen Sklaven wird deutlich, dass sich die Vergebung durch Gott am Anfang ereignet und allen anderen Aktivitäten vorausgeht. Damit aber stellt sich das Problem, wie unter dieser Voraussetzung das Vaterunser (6,11f. inklusive Mt 6,14f.)

zu verstehen ist, das doch die menschliche Vergebung als zeitlich vorrangig verortet.

Eine weitere Beobachtung wird es erlauben, die Puzzleteile richtig zu ordnen – immer vorausgesetzt, dass der Evangelist Matthäus zumindest an derart zentralen Stellen keine gravierenden Unstimmigkeiten hat zulassen können. So spricht Jesus beim Becherwort des Abendmahles nach Matthäus – und nur nach Matthäus – vom Vergießen des Blutes »zur Vergebung der Sünden« (Mt 26,28). Damit hat der Evangelist die Sündenvergebung durch Gott bei der Taufe konsequent getilgt, um diesen Aspekt bei den Abendmahlsworten als einziger Zeuge anzuführen. Auch in Mt 18 wird die Sündenvergebung durch Gott als jedwedem Geschehen vorrangig gedeutet.

Wie ist nun aber vor diesem Hintergrund die notwendige vorlaufende Vergebung der Jünger untereinander zu begreifen? Die Antwort könnte sich ergeben, wenn man eine »ideale Chronologie« des Sakramentenempfangs durch den Christen nach Matthäus rekonstruiert: Taufe und Empfang der Eucharistie stehen beide am Anfang und gehören demnach zusammen. So ist es Praxis der Alten Kirche und bis heute Praxis aller Ostkirchen, dass der Täufling, wenn er noch ein kleines Kind ist, nach der Wassertaufe auf einem Löffel ein Gemisch aus Brot und Wein gereicht bekommt. Auf diese Weise bleibt durch die Korrelation von Taufe und Eucharistie-Empfang auch die Verbindung zwischen der Übereignung an den dreifaltigen Gott (vgl. Mt 28,19) und der Sündenvergebung erhalten. Nach dieser zu Beginn erfolgenden Sündenvergebung gilt für das folgende Christenleben die im Vaterunser geforderte und in Mt 6,14f. ausdrücklich wiederholte Reihenfolge: Zuerst müssen wir uns untereinander vergeben, damit Gott uns später Vergebung schenken kann. Wer also nach der Taufe Sünden vergeben bekommen möchte, muss bereit sein, allererst seinem Nächsten zu vergeben. Die Priorität der Vergebung der Menschen untereinander gilt demzufolge für den christlichen Alltag (bzw. »in der Gemeinde«) in der Zeit nach der anfänglichen Sündenvergebung. Die zentrale Aussage von Mt 18 (Gleichnis vom unbarmherzigen Knecht) besteht somit darin: Wer, nachdem ihm anfänglich alle Sünden vergeben worden sind, zu einer Vergebung seinen Mitmenschen gegenüber nicht bereit ist, der fällt zurück vor den Anfang des Christseins, für den war alles umsonst.

Für die weiteren Überlegungen ist zu beachten: Im Vaterunser ist Vergeben die einzige ausdrücklich genannte und sachlich unabdingbare Aktivität der Menschen: Das, was der Mensch leisten kann und soll, ist vorgängige Vergebung. Diese Forderung ist vor allem deshalb so schwer zu erfüllen, weil wir beim Vergeben das eigentlich Unmögliche praktizieren müssen: Geschehenes als nicht geschehen zu betrachten. Aber wenn wir uns trotzdem darum bemühen, begreifen wir letztlich auch das noch Bedeutendere, das Gott uns gegenüber vollzieht, wenn er vergibt.

7.5 Theologie der Vergebung

Im Hinblick auf die theologische Bedeutung der Vergebung bei Jesus und im Matthäusevangelium lässt sich festhalten, dass Jesus mit jenem Aspekt eine besondere Variante des typisch messianischen Themas »Frieden« aufgreift: Grundlegend ist dabei das Prinzip der Ähnlichkeit zwischen Gott und Mensch. Der Mensch kann nur Vergebung erwarten, wenn er Gott als dem Vergebenden schlechthin in dieser Hinsicht ganz ähnlich geworden ist. Mt 5,48 betont dies ausdrücklich: Feindesliebe macht zu Gottes Kindern, weil Kindsein Ähnlichkeit bedeutet und Gott seine Feinde liebt.

Im Vaterunser geht es darüber hinaus ausdrücklich um Kindschaft (weil es um Gott als Vater geht), und mit Blick auf Mt 5,48 wird hier an der Vergebungsbitte der Zusammenhang zwischen Feindesliebe und Vergebung erkennbar: Feindesliebe erscheint als deren direkte Auswirkung. Weil und insofern Christen Kinder Gottes sind, wird in der Feindesliebe die Gotteskindschaft greifbar und konkret, und zugleich wird der innere Zusammenhang zwischen Vergeben und Feindesliebe deutlich.

Dem Mitchristen vergeben zu haben, ist auch Voraussetzung für jegliche Gebetserhörung überhaupt. Demnach heißt es in Mk 11,25: »Und wenn ihr beten wollt, so vergebt, wenn ihr etwas gegen jemand habt, damit auch euer Vater im Himmel euch euere Verfehlungen vergibt.« Vorausgesetzt ist offenbar, dass in jedem Gebet der Christen auch zumindest am Rande die Bitte um Vergebung vorkommt. So auch in der Bergpredigt: Für die Parallelität von Gebet und Opfer (vgl. TRE 12 (1984) S.52) spricht hier die Analogie in Mt 5,23f.: »Wenn du nun deine Gabe zum Altar trägst und dich dort erinnerst, dass dein Bruder oder deine Schwester etwas gegen dich haben, dann lass deine Gabe vor dem Altar und geh erst hin und versöhne dich zuerst mit ihnen. Dann komm und bringe dann deine Gabe dar.« Grundsätzlich wird damit das Verhalten zum Bruder/zur Schwester Maß und anschauliche Norm für die Beziehung zwischen Gott und Mensch.

Die Verbindung mit dem Thema Feindesliebe weist überdies auf den politisch-sozialen Zusammenhang zwischen Gebet und Messias hin. Denn der Messias wird z. B. schon in Sir 48 als jener vorgestellt, der in seinem Volk die Menschen miteinander versöhnt. Vor diesem Hintergrund ist somit auch im Vaterunser das Thema »Frieden« enthalten.

Zu bedenken ist ferner: Der Weltfrieden beginnt im Kinderzimmer. Dass Weltfrieden im Kleinen anfängt (indem ich dem Bruder/der Schwester vergebe), hat Jesus als Erster in der Weltgeschichte erkannt – und damit auch die Bedeutung einer Friedenserziehung.

In der Bergpredigt gehört daher in die direkte Nachbarschaft der »Vergebung« auch die Problematik der Ehescheidung (vgl. Mt 5,32) sowie das Verbot des Zürnens (vgl. Mt 5,21f.).

Die zentrale Rolle der Vergebung in der Botschaft Jesu weist zudem darauf hin, wie schwer, ja fast menschenunmöglich und »göttlich« Vergeben ist. Hier, an der

Schwelle zu Hass und Unfrieden, bedarf es des ganzen Einsatzes Gottes. Es ist ein Fall für ihn allein.

Originell ist dabei in der Verkündigung Jesu u. a. dieser Punkt: Die Vergebung durch Gott erfolgt nicht bedingungslos. Dass sie mit Frieden unter den Menschen (ursächlich!) verbunden ist, kann die Grundlage für die Nachhaltigkeit ihrer Wirkung sein. Nur so wird sie auch von Beginn an (von »vor dem Beginn an«) in der Biografie derer verankert, die Vergebung erlangen.

»Die Schuld« ist das, was vom Vergehen bleibt, das Belastetsein des Täters. Es kommt dadurch zustande, dass etwas Heiliges in seiner Würde verletzt wurde, nämlich Gottes Name, Gottes Willen, Gott als Geber des Lebensnotwendigen, Gott als Ursprung (früher) gewährter Vergebung. Vergebung ist demnach Heimholung unheilig gewordener Geschöpfe in die Heiligkeit des Anfangs. Insofern das Heilige Quellbereich des Lebens ist, sprechen die heiligen Texte der Mandäer immer wieder vom »siegreichen Leben«. Denn Leben kommt aus dem Heiligen, aus jener Quelle, die alles das, was anders ist, verschlingt und verwandelt. Böses bedeutet Nicht-Weitergabe der Geschenke des Schöpfers; bei der Vergebung wird das abtrünnig Gewordene von seinem Anfang her *(ex integro)* noch einmal erneuert: Die Vergebung weiterzureichen, wie Mt 18 es fordert, ist somit Umkehrung des Vorgangs der Sünde – jedes Vergehen bestand nämlich darin, Geschenktes nicht weiterzugeben, sondern allein für sich zu behalten.

7.6 Als Testament Jesu an seine Jünger

Nach Lk 11,1f. bitten die Jünger Jesus »Herr, lehre uns beten ...« Es ist daher zu erwarten, dass der Text besonders auf die Belange der Jünger eingeht.

Viele Merkwürdigkeiten und entstandene Fragen im Vaterunser erklären sich von dieser grundsätzlichen Ausrichtung her: So muss die Formulierung »Vater unser« nicht zwangsläufig bedeuten, dass Jesus sich mit den Jüngern auf eine Ebene stellt; vielmehr kann hiermit auch der gemeinsame Vater der Jünger gemeint sein. Es fällt nämlich auf, dass Jesus in allen vier Evangelien nicht mit den Jüngern gemeinsam betet; es wird ja auch kein weiteres Gebet Jesu mitgeteilt, sieht man von dem »Nicht-Gebet« in Joh 11,41f. ab. Als Reflexion auf diese Eigenart Jesu findet sich in Joh 20,17 die merkwürdige Wendung: »zu meinem Vater und zu eurem Vater« – das Vaterunser widerspricht ihr nicht.

Sodann ist das Vaterunser die mögliche Antwort auf die mit Blick auf Mk 9,29 entstandene Frage: Was sollen wir denn beten? Vor diesem Hintergrund sind auch die exorzistischen Züge des Vaterunsers zu erklären, die dieses Gebet zum Ersatz für andere exorzistische Handlungen machen könnten. Denn nach Mk 9,29 stellt die Austreibung, die sich ausschließlich nur mithilfe des Gebets eine besondere Reaktion auf die Not der Jünger dar, mit den Exorzismen nicht adäquat umgehen zu können.

Auch das Fehlen der christologischen Querverweise (etwa auf Wunder) erklärt sich, wenn es (ausschließlich) um die Jünger und um ihre Situation geht. Dies lässt auch die Brotbitte verständlich werden, die kaum Jesu eigene tägliche Bitte widerspiegelt (durch Speisungen einerseits und Einladungen andererseits war für Jesu Unterhalt offenbar gesorgt).

Aus Lk 22,28 geht zudem hervor, dass Versuchungen ebenfalls ein besonders Thema der Jünger waren.

Die zentrale Bedeutung der Vergebung verweist überdies auf ein anderes bekanntes Anliegen der Testamenten-Literatur, nämlich die Sorge um die Einheit unter den Zurückbleibenden (vgl. zur Vergebung nur Testamentum Gad 6,3.7).

Schließlich gibt es zwischen dem Vaterunser und einem anderen testamentarischen Text, nämlich dem Abschiedsgespräch Jesu in Joh 17, besondere Beziehungen. Das gilt für vier Themen:
- der Name Gottes (vgl. Joh 17,6.11.12.26)
- Heiligung (vgl. Joh 17,17.19)
- Einheit (Liebe, Vergebung) unter den Jüngern (vgl. Joh 17,11.21.22). Daher kann man leicht auf das Thema Vergebung in anderen testamentarischen Reden hinweisen.
- Bewahrung vor dem Bösen (vgl. Joh 17,15; dasselbe griechische Wort *ponero-*)

Zusammenfassend lässt sich festhalten: Das Vaterunser ist insbesondere ein Jünger-Gebet. Die starke Betonung der Vergebung entspricht zweifellos den Gegebenheiten der Jünger, wenn sie »allein« unter sich gewesen sind.

7.7 Im Rahmen der Kreuz- und Sühnetheologie

»Vater«: So wie Jesus am Kreuz sein Leben in die Hände des Vaters legt, darf auch jeder, der Jesus auf dem Weg des Kreuzes folgt, sein Leben Gott anvertrauen.

»Name«: In Jesu Namen ihm nachfolgen, seinen Namen auf sich nehmen, bedeutet: demjenigen folgen, der »Urheber und Vollender unseres Glaubens« (Hebr 12,2) ist.

»Reich«: Jesus wird des Schächers in seinem Reich gedenken (vgl. Lk 23,42). »Der du den Schächer erhört hast, auch mir hast du Hoffnung gegeben« – so heißt es in dem berühmten *Adoro te devote.*

»Wille Gottes«: Auch in Gethsemane ist Gottes Wille nicht auf das Leiden Jesu an sich ausgerichtet, sondern auf die Bereitschaft, in peinigenden Momenten Geduld und Beharrlichkeit zu zeigen. Gott benötigt das Leiden nicht, aber wir Menschen gewinnen durch Jesu Standhaftigkeit die Gewissheit, dass er bei Gott als Anwalt für uns Menschen eintritt.

»Brot«: Oft wird die Brotbitte auf Jesus, das eucharistische Brot, bezogen (s. u.).

»Vergebung«: Da Jesus seine Liebe zu uns bis zum Kreuz zeigte, vergibt uns Gott um seinetwillen.

»Versuchung«: Das Leiden am Kreuz ist die letzte und intensivste Versuchung Jesu (vgl. Mt 27,40). Jesus überwindet diese Anfechtung wie in Gethsemane durch das Gebet: »Mein Gott, mein Gott, wozu hast du mich verlassen?« Mit der Bitte, vor der Versuchung bewahrt zu werden, schließt sich der Betende Jesus an, der in Gethsemane ebenfalls auf das Gebet vertraut.

»Böses«: Das Böse wird besiegt durch die Unschuld und Würde des Lammes.

»Reich und Herrlichkeit«: Durch Leiden und Kreuz Jesu führt Gott uns zur Herrlichkeit der Auferstehung. Das beginnt mit der Taufe, und bei jedem christlichen Begräbnis wird gebetet, Gott möge vollenden, was er in der Taufe begonnen hat. Schon in der Taufe werden wir Christus ähnlich und zu seiner Nachfolge berufen.

7.8 Angesichts der Theodizeefrage

»Vater«: Gott ist Zuflucht (ähnlich z. T. auch die »Schutzmantelmadonna«), Jesus bittet am Kreuz, Gott möge denen vergeben, die ihn gekreuzigt haben (vgl. Lk 23,34). Man beachte, dass die Vergebungsbitte mit der Anrede »Vater« verbunden ist (wie im lukanischen Vaterunser).

»Heiliger Name«: Gott ist nicht als Ursache des Bösen anzuklagen. Das Böse kommt vom Menschen oder aus der Schwäche der Schöpfung, die eben nicht Gott ist.

»Reich«: Die Christen dürfen in die Klage der Märtyrer einstimmen: »Wie lange noch ...?« (Apk 6,6). Die Sehnsucht nach Gottes Reich ist die Sehnsucht nach Gerechtigkeit.

»Wille«: Gottes Wille besteht darin, dass die Menschen in allen Nöten gläubig, d. h. treu, bleiben und Geduld beweisen.

»Tägliches Brot«: Jeder Tag kann Beweis dafür werden, dass Gott die Menschen nicht verlassen hat, sondern dass seine väterliche Fürsorge anhält.

»Vergebung«: Nicht zuletzt durch unsere eigene Schuld werden wir Menschen von so vielen Nöten heimgesucht.

»Versuchung«: Glaube besteht manchmal darin, gerade im eigensinnigen Widerstand gegen Gott an Gott festzuhalten. Glaube kann insoweit eine lebensrettende Trotzreaktion sein: »Ich glaube an dich trotz allem, was du zulässt und seit Anbeginn zugelassen hast.« Es geht um die Wahrnehmung der fast ungehinderten Wirksamkeit des Bösen in der Welt.

»*Befreiung vom Bösen*«: Als der Schöpfer wird Gott dieses Problem in der neuen Schöpfung lösen. Das Böse besteht auch in den Ängsten, die aufgrund der bisher verübten Vergehen Menschen beunruhigen und ihnen schlaflose Nächte bereiten.

Als Gebet vor dem Hintergrund der Theodizeefrage ist das Vaterunser einzureihen unter die Hymnen der Apokalyptik. Denn die Hymnen des himmlischen Kultes sind Antwort auf die Frage nach der Möglichkeit einer Geschichtstheologie: Der himmlische Chor ist die inszenierte Siegesfeier, die eo ipso Teil der Geschichte ist. Vorausgesetzt ist dabei auch eine eigene Wirkung, die von der endzeitlich vollendeten Schönheit ausgeht. Die vollkommene Ordnung des himmlischen Kultes verfügt demnach über eine besonders faszinierende und harmonisierende Wirkkraft.

7.9 Als Teil des Kampfes gegen das Böse

Liest man den Text des Vaterunsers wie ein Teppichmuster, so steht der »Vater« und das Reich an der Spitze, das Böse aber, von dem Gott befreien soll, steht dem gegenüber als die »Opposition«. Die Anrufung des Vaters und seines heiligen Namens soll am Ende dazu beitragen, Gott in seinem Erlösungswerk zu unterstützen.

Schon in der zweiten Hälfte des Textes, bei den Wir-Bitten, geht es immer auch um Erfahrungen des Bösen:

beim Hunger, der mit der Brotbitte überwunden werden soll, bei der Schuld (und der etwaigen mangelnden Vergebungsbereitschaft), besonders aber bei den Versuchungen und der Verstrickung in das Böse, aus der Befreiung ersehnt wird. Der Gipfelpunkt dessen, was zu überwinden ist, stellt folglich der oder das Böse dar.

Im ersten Teil des Vaterunsers stehen demgegenüber eher himmlische Dinge im Vordergrund: der Vater »im Himmel« (kein irdischer Vater also), Gottes heiliger Name (kein Allerweltsname), Gottes Reich, Gottes Wille. Diese Zweiteilung in die himmlischen Dimensionen des ersten Teils und die sehr irdischen Aspekte des zweiten Teils erinnert an die Zweiteilung der Szenerie in der Offenbarung des Johannes, die besonders in der Buchmalerei eindrücklich veranschaulicht wird: Nicht selten ist das Blatt zweigeteilt in den oberen, mit hellen Farben gestalteten, himmlischen Bereich und den unteren, der oft von furchterregenden dunklen Figuren bevölkert wird. Namentlich die geäußerte Bitte um die Erfüllung von Gottes Willen verdeutlicht, dass das Vaterunser die Lage der Welt ähnlich einschätzt: Gottes Wille möge sich verwirklichen, wie (es) im Himmel (bereits geschieht), so auf Erden.

7.10 Das Vaterunser und die Reichsbotschaft Jesu

»*Vater*«*:* Es ist die Besonderheit der christlichen Rede vom Reich, dass hier der König ein Vater mit Kindern ist.

»*Name:* Der »Name« wird geheiligt, also angerufen und geehrt, ihm beugen sich die Könige der Völker. In dem Maße, in dem dies geschieht, wird Gottes Anspruch anerkannt und so weit erstreckt sich sein Reich.

»*Reich*«*:* Das »Reich« soll kommen, also nicht Gott allein, sondern Gott in seiner ganzen Machtentfaltung.

Wille: Gottes »Wille« soll geschehen. Dieser ist jedoch nicht auf das passive Ertragen, sondern auf Tun und Handeln der Menschen ausgerichtet; allerdings ist diesbezüglich auch Standhaftigkeit im Leiden als ein Tun zu betrachten.

»*Brot*«*:* Wie die Könige und Kaiser zur Zeit Jesu mit Massenspeisungen für das notleidende Volk sorgen konnten, so tut es auch Jesus (Speisungsberichte). Damit erweist sich der himmlische König zuständig für die existenzbedrohenden Alltagsnöte der Menschen.

»*Vergebung*«*:* Ein König kann Amnestie gewähren (wie in der BRD der Bundespräsident). Wenn die Christen nun ihrerseits den Mitmenschen vergeben, wirken sie auf ihre Weise königlich.

»*Versuchung*«: Die Versuchungen gehören in die Bewährungsphase eines Anwärters auf den Thron. Dieser Zusammenhang wird in Lk 22,28f. klar erkennbar: »Ihr habt gemeinsam mit mir alle Versuchungen durchgestanden. Wie mir der Vater das Reich vermacht hat, so vermachen ich es euch ... und ihr werdet auf Thronen sitzen ...«. Die Alten Griechen haben Ähnliches von Herakles erzählt, der irdische Mühen (d. h. diverse Aufgaben) zu bestehen hatte, bevor er zu den Göttern entrückt wurde. Darin ist er Vorbild für die Herrscher, die erst eine harte »Prinzenerziehung« durchmachen müssen (per aspera ad astra). – Die Versuchungen sind demnach für die Königskinder notwendig und erwartbar – so werden bis heute beispielsweise die britischen Königskinder der Windsors auf besonders strenge Internate geschickt. Was vor diesem Hintergrund die Vaterunserbitte bedeutet, in der es sachlich um eine Art Verschonung von der ganzen Härte der Versuchungen geht, wird noch zu bedenken sein.

7.11 Als Gebet vor dem Tod

»*Vater*«: Durch diese Anrede wird die Angst vor dem, was kommt, überwunden. Daher wird auch in den *ultima verba* (den letzten Worten vor dem Tod) Gott oft mit »Vater« angesprochen. Diese Bezeichnung signalisiert Geborgenheit und Sicherheit der Erhörung.

»im Himmel«: Gott ist dort, wohin der Sterbende geht. Die Alte Kirche denkt daran, dass der dreieinige Gott den Sterbenden aufnimmt und dass ihn die Schar der Heiligen dabei begleitet.

»Name«: Gottes Name ist über uns angerufen seit der Taufe. Wir sind Gottes Eigentum, um das er sich kümmern wird. Somit gilt, was Paulus sagt: Ob wir leben oder sterben, wir gehören dem Herrn.

»Reich«: Nach dem Gebet des Schächers in Lk 23 ist Jesus schon jetzt, als der Auferstandene, in seinem Reich.

»Wille«: Gottes Wille ist, dass wir in Todesnöten ausharren und den Glauben nicht aufgeben.

»Brot«: Die Kirche versteht die Kommunion für Sterbende als Wegzehrung (d. h. als Proviant auf dem Weg zwischen Erde und Himmel) und hat auch auf die Krankenkommunion stets besonderen Wert gelegt.

»Vergebung«: Zur christlichen Vorbereitung auf das Sterben *(Ars moriendi)* gehört insbesondere die Vergebung und die Aussöhnung mit allen verfeindeten Parteien.

»Versuchung«: Jesus übersteht die Versuchung in Gethsemane und auch die letzte Versuchung am Kreuz mithilfe des Gebets. Sein Ausspruch: »Vater, in deine Hände lege ich meinen Geist« (Lk 23,46), ist Teil eines jüdischen

Abendgebets (und auch ein Teil der Komplet im monastischen Stundengebet).

»Befreiung vom Bösen«: Auf den Steinsarkophagen des Mittelalters »steht« der Verstorbene auf einem Symbol des Todes. Oft ist das ein Hund, in dem der Höllenhund *(Kerberos)* fortexistiert. Die Kunst der Sarkophage soll demzufolge verdeutlichen: Der Verstorbene hat als Christ den Tod überwunden. Er ist vom Bösen befreit.

7.12 Als Gebet bei einer Eheschließung

»Vater«: Die Metaphorik des Vaterunsers (Vater, also Kinder) ist die der Familie. (Auf die Frage, warum es nicht »Mutter, unsere« heißt, wird weiter unten einzugehen sein.) Das ist schon sehr bemerkenswert, denn angesichts der Reichsbotschaft Jesu hätte durchaus auch die Anrede »König der Könige« gepasst (wie in einigen orientalischen christlichen Liturgien).

»Name«: Weil die Ehe überhaupt kein weltlich Ding ist, wird bei der kirchlichen Eheschließung *(Sakrament)* Gottes Name über dem Paar angerufen. Denn nicht nur als Einzelne, sondern auch als Paar stehen beide jetzt vor Gott. Er ist der Dritte im Bunde.

»Reich«: Das Verhältnis von Christus und Kirche ist der Neue Bund (vgl. Eph 5). Die Ehe von Mann und Frau ist

eine realsymbolische Darstellung des Neuen Bundes – »real«, weil Ehe keine Theorie, sondern Praxis ist; »symbolisch«, weil Ehe eben kein weltliches Phänomen ist, sondern stets »mehr« abbildet und im Keim auch wirklich darstellt, als das, was sie zu sein scheint.

»Wille«: Gottes Wille ist bei der Ehe – wie auch sonst sehr oft, ja regelmäßig in der Bibel – die Treue, auch das Aushalten und die Geduld. Gott selbst, der noch nie einen Bund aufgekündigt hat, ist der Maßstab für menschliche Treue.

»Vergebung«: Liebende leben von der Vergebung. Ohne Ironie ist zu sagen: Die Ehe ist der ideale Ort, Vergebung einzuüben.

»Versuchung«: Angesichts der hohen Scheidungsraten in westlichen Gesellschaften kann man zu der Ansicht gelangen, Ehe sei ein ganz vorzüglicher Angriffspunkt für diverse Versuchungen. Hier hat das/der Böse offenbar besonders leichtes Spiel.

»Befreiung vom Bösen«: Die Bücher, die an den Kircheneingängen die Menschen dazu einladen, ihre Bitten (und Danksagungen) wie in ein Gästebuch einzutragen, bescheinigen immer wieder, wie bedroht Ehen und Familien sind. Die Tatsache, dass Menschen aller Konfessionen ihre familiären Probleme gerade hier zum Ausdruck bringen, besagt nur: Der Bestand der Ehen und das Verhältnis zu

Gott hängen unmittelbar zusammen. Das heißt einerseits: Oft hilft nur noch beten; andererseits kann geschlussfolgert werden: Von einer religiösen Erziehung und Praxis allgemein erwarten die Menschen buchstäblich oft die erste, letzte und einzige Hilfe im Kampf gegen die Zerstörung ihrer Familien.

7.13 Gott in der Mitte (Theozentrik)

Man kann alle der hier vorgestellten Themen und Sichtweisen im Vaterunser unterbringen. Doch warum wirkt es dann oftmals so unzugänglich? So fremd bis heute? Gerade diese Frage lässt die extreme Theozentrik des Vaterunsers erkennen. Jesus nämlich, der stets darum bemüht war, das Erste Gebot zu verstärken, lässt auf sehr radikale Weise das Vaterunser zu einer Begegnung mit Gott werden. Und so wird aus der Antwort auf die aufgeworfene Frage deutlich, welche Aspekte in unserer Beziehung zu Gott zu meiden sind: seinen Namen nicht anzurufen oder als Überschrift für eine unheilige Sache zu missbrauchen, seine Gebote zu übertreten und seinen Anspruch für unwichtig zu erklären, der Wahn, selbst für sich sorgen zu können, hartherzig nicht zu vergeben, falsche Könige an die Stelle von Gottes Königreich und Königtum zu setzen, berauscht zu sein vom Bösen in der Welt und süchtig danach, sich der Versuchung anheimzugeben.

Teil II
Auslegung der einzelnen Bitten

1 Vorausgehende Gebete

Aus der lateinischen Liturgie ist die Einleitung zum Vaterunser bekannt: »Durch heilbringende Anordnungen gemahnt ..., wagen wir zu sprechen: Vater ...« Es verwundert nicht, wenn in anderen Liturgien diese Feststellung bereits als Gebet formuliert ist, so in der Liturgie des Gregorios Abulfaraq (Bar Hebraeus) S. 466: »Mit dem Zutrauen, dass uns dein Sohn gegeben, der uns geschenkt wurde, wagen wir anzurufen dich, den himmlischen Vater ...« Während in der lateinischen Form der Hinweis auf die Vorschriften den Wagemut gewissermaßen entschuldigen soll, nennt die syrische Fassung – als Gebet gestaltet – das Zutrauen, den »Freimut« (ein griechischer Text würde hier von *parrhesia* reden), das uns den Wagemut verleiht, Gott so anzureden, wie Kinder es tun: als Vater. Hierher gehört auch Eph 2,18: Durch ihn (Jesus Christus) nämlich haben wir beide (Juden- und Heidenchristen) den Zugang zum Vater durch den einen Geist.

Die Stichworte »Vater« (was Kinder impliziert) und »Geist« weisen darauf, wie dieser Zugang, diese Nähe zustande kommt: durch Anteilhabe am Geist. Das heißt: Wer den Geist Gottes empfängt, wird Kind Gottes und darf als Kind freien Zugang zum Vater haben (vgl. Röm 5,2). Ein derartiger Zugang bedeutet – darauf hatte ich im Zusammenhang mit dem Trinitätsglauben im Abschnitt 7.3 schon hingewiesen – immer auch Redefreiheit (gr.: *parrhesia*), und daher versteht sich die Einleitung zum Vaterunser (»Wagen wir zu sprechen ...«), z. B. Hebr 4,16

(»Lasst uns hinzutreten mit Freimut zum Thron der Gnade«). Fazit: Freier Zugang bedeutet auch die Freiheit, sagen zu dürfen, was einem am Herzen liegt. Oft wird diese Nähe und Freiheit durch den Heiligen Geist gewährt, dann aber auch durch den stellvertretenden Tod Jesu.

1.1 Umsetzung als Gebet

Gott, wir dürfen es wagen, dich mit »Vater« und mit »Du« anzureden. Jesus hat uns dies auf vorbildhafte Weise gezeigt. Und mit ihm zusammen sind wir deine Kinder. Niemandem, der Jesus auch nur ein wenig kennt, wird es einfallen, von dir als einem »Es« zu reden wie von einem beliebigen Gegenstand. Du bist vielmehr »mindestens so etwas wie eine Person«, denn wir können mit dir reden und du sprichst zu uns.

2 Gebet der Gotteskinder an ihren Vater

2.1 Die Anrede »Vater«

Jüdische Gebete aus der Zeit Jesu beginnen oft mit den Worten »Unser Vater«. Überdies ist hier sehr häufig vom Lobpreis des Namens, vom Offenbarwerden des Reiches, von der Bitte um Sündenvergebung und Befreiung die Rede.

Die Gottesanrede »Vater« ist dem Psalmenbeter vertraut, und zwar ganz im Sinne Jesu. Hier sind zu nennen:

Ps 89,27 (»Er wird zu mir rufen: Mein Vater bist du, mein Gott und der Fels meines Heiles« – gemeint ist dem Wortlaut nach David), Ps 103,13 (»Gleich wie ein Vater sich erbarmt der Kinder, so erbarmt sich der Herr aller, die ihn fürchten«), Jes 63,16f. (»Denn du bist unser Vater; Abraham weiß ja nicht um uns, und Israel kennt uns nicht. Du bist unser Vater! ›Unser Erlöser seit Anbeginn‹ ist dein Name«), Jes 64,7 (»Und doch, Herr, du bist unser Vater; wir sind der Ton, du bist unser Töpfer; das Werk deiner Hände sind wir alle«), Jer 31,9 (»In Tränen zogen sie aus, mit Tröstung geleite ich sie heim … Denn ich bin ein Vater für Israel …«). – Die Konnotationen zu »Vater« sind somit Tröstung, Rettung, Geborgenheit, Erlösung, Erbarmen.

Ein Vater »gibt« demnach den hungrigen Kindern nur Gutes, nicht Schlange oder Skorpion, nicht Steine statt Brot (vgl. Gleichnisse in Lk 11,11–13, welche die Kraft des Betens thematisieren). »So lädt der Text die Menschen ein, ihr bittendes Sprechen mit Gott so unprätentiös und erwartungsvoll zu wagen, wie wenn ein Kind sich an seine Eltern um Nahrung wendet und die Antwort Gottes auf Bitten, die Gabe des Guten selbstverständlicher noch zu sehen als die Fürsorge von Eltern« (Chr. Gerber). Gemeint ist in Lk 11,13 insbesondere der Heilige Geist als Gabe Gottes. Damit wird die im Gebet geleistete Verbindung von Vater und Heiligem Geist ebenso gut erkennbar wie in den Handschriften der griechischen Textüberlieferung zu Lk 11,3 und wie besonders in Röm 8. Schon Albertus Magnus verweist in seinem Lukas-Kommentar zur Erläuterung von Lk 11,13 auf Röm 8 und stellt zudem

Querverweise zu Lk 11 und Jes 49 her (»Vergisst wohl eine Frau das Kind, das sie nährt? ...«). Demgemäß bestimmt Albertus Magnus die Argumentationstruktur in Lk 11,13 folgendermaßen: »arguit ab impossibili apud affectum Patris« (»Jesu Argument geht aus von dem, was schon dem väterlichen Affekt unmöglich ist«). Auch Lukas von Brügge verweist wegen des Verweises auf den »Vater im Himmel« ausdrücklich auf das Vaterunser. Iacobus Faber Stapulensis (1521, Komm., 231) deutet nicht (nur) auf den Heiligen Geist, sondern: »ergo omni fiducia petamus a patre coelesti omne quod spiritum solidat ... ornat ... vivificat« (»also erbitten wir mit aller Zuversicht vom himmlischen Vater alles, was den Geist kräftigt ... ziert ... lebendig macht«). Damit hat er sich von der lukanischen Pneumatologie entfernt. – In der neuen katholischen Messliturgie wird die Verbindung von Vater und Heiligem Geist ebenfalls herausgestellt; so lautet die Einleitung zum Vaterunser: »Wir haben den heiligen Geist empfangen, der uns zu Kindern Gottes macht. Darum beten wir: Vater unser ...«

Das Corpus Orationum zeigt des Öfteren Einleitungen zum Vaterunser, die auf die väterliche Liebe Gottes Bezug nehmen, so in Nr. 6669: »qua miseratione nos docuit orare semper et dicere« (Toledo) [weil er voller Erbarmen ist, hat er uns gelehrt, stets zu beten und zu sagen: ...], Nr. 6672: »qui te patrem habere dignoscimur paternitatis affectu a te exaudiri promereamur« (Toledo) [weil man weiß, dass wir einen Vater haben, dürfen wir damit rechnen, in väterlicher Liebe erhört zu werden],

Nr. 6672: »per adoptionis gratiam coheredes agnoscat altissimus filii sui« [weil wir durch die Gnade Miterben sind, möge der Höchste sein Kind annehmen – man beachte hier den biblischen Zusammenhang von Erbschaft und Vater], Nr. 6701: »vocem et verba Christi ad aures patris ... concordis populi clamor« [durch die Stimme und die Worte Jesu Christi richtet sich der Ruf des Volkes übereinstimmend an die Ohren des Vaters].

2.2 Die Vater-Anrede in nicht-christlichen Gebeten

Folgt man Paulus, so war die Gebetsanrede der frühen Christen »Abba, pater«. – Beide Begriffe – sowohl der aramäische als auch der griechische (Vokativ!) – bedeuten »Vater«. Wieso diese Doppelung? Frühe Heidenchristen haben offenbar »Abba« für den Eigennamen Gottes gehalten. So lag eine Analogiebildung zur griechischen Gebetsanrede vor, in der auf den Eigennamen (Zeus) der Vatertitel (Vokativ pater) folgte: »Zeus, pater«. Ähnliches liegt schon der lateinischen Wortbildung Jupiter zugrunde: Auch hier leitet sich das »-piter« von »pater« (Vater) her. Da der jüdische Gott keinen persönlichen Eigennamen hatte, behalf man sich, indem man das (unverstandene) Wort »Abba« zum Eigennamen deklarierte. Hätte man also einen Heidenchristen gefragt: Wie heißt euer Gott?, so hätte er geantwortet: »Abba«. Die griechische Sitte, den Namen und den Vatertitel zu verbinden, wird somit offenbar von frühen Heidenchristen übernommen.

Was folgt daraus? Zum einen können wir besser verstehen, weshalb es bei Paulus heißt: »Abba, Vater«. Zum anderen schließt sich das Vaterunser mit seiner Nennung des Vatertitels zu Beginn durchaus an die allgemeine Sitte auch unter Heiden an, den höchsten Gott als Vater anzureden. Aus dem höchsten Gott ist im Judentum und Christentum der Einzige geworden. Demgegenüber kennt der Islam diese Anrede nicht. Gott wird nicht als Vater angesprochen, denn er hat keine Kinder – der Abstand zwischen Gott und Mensch ist zu groß, als dass diese Metaphern gewagt werden könnten. Im Übrigen kann jede aufmerksame Lektüre des Koran bestätigen, dass der Islam eine Religion ist, die ohne Gleichnisse und fast gänzlich ohne Metaphern auskommt.

Zum Vater gehört das Erbe. Deshalb spricht das Neue Testament vom »Erben des Reiches« (Gottes). Paulus bezeichnet uns aus diesem Grund auch als Miterben Jesu Christi, weil er der Sohn ist. Da im Judentum der Diaspora zur Zeit Jesu die Bekehrung zum Judentum als Fliehen in die weit geöffneten Arme des »süßen Vaters« vorgestellt wird (so Aseneth in einem Gebet bei ihrer Bekehrung nach »Joseph und Aseneth«), spricht man auch hier von den Erben des ewigen Lebens. Der Zusammenhang mit dem frühen Christentum ist evident. Vor allem aber wird in dieser jüdisch-hellenistischen Bekehrungsreligion die bedeutende Rolle vorbereitet, die Kinder und Kindschaft im frühen Christentum (gleichfalls Bekehrungsreligion) haben.

Doch ein Aspekt findet sich in keinem jüdischen Gebet: dass man direkt nacheinander sagt: »unser *Vater*«

und »dein *Reich* komme« – zwar gibt es die Anrede »unser Vater«, allerdings nicht in direkter Verbindung mit dem Reich. So besteht das Besondere der Botschaft Jesu gerade darin, dass wir Kinder eines Vaters sind, der König über ein Reich ist: Wir sind folglich Königskinder, so wie Jesus ein Königssohn ist. Man hat oft gefragt, wie denn Jesu Botschaft vom Reich Gottes, die man für das Ursprünglichste ansah, zusammenhängen könnte mit dem Glauben an Jesus als Gottes Sohn. Das Vaterunser gibt die Antwort: Die Verbindung von Reich und Kindschaft, von »unser Vater« und »dein Reich komme«, ist das eigentlich Christliche. Jesus ist Gottes Sohn und darin unser älterer Bruder. Deshalb haben wir es hier mit einem typisch christlichen Gebet zu tun. Aus diesem Umstand empfangen wir eine übermütige Freiheit. Gegenüber dem König der Welt sind Prinzen nämlich keine Untertanen, sondern Kinder. Untertanen müssten Angst haben; Kinder jedoch dürfen um alles bitten. Untertanen konnte man verkaufen, zum Beispiel als Soldaten; Kinder begleitet man demgegenüber das ganze Leben lang mit Sorgen. Und schon die Philosophen haben gesagt, die Anhänglichkeit der Eltern gegenüber den Kindern sei in der Regel stärker als jene der Kinder gegenüber den Eltern.

2.3 »Vater« als Metapher

Der Vergleichspunkt bei der biblischen Verwendung der Metapher »Vater« ist nicht Gottes männliche Sexualität, auch nicht ein patriarchalisches System. Vielmehr soll herausgestellt werden, dass wir Menschen Gott das Leben und den Unterhalt verdanken. Aber gilt das für eine Mutter nicht noch mehr? Während jedoch Mütter ihre Kinder gebären, ist Gott der Schöpfer. Was bei den Müttern folglich ein naturhafter Vorgang ist, stellt bei Gott etwas ganz anderes dar, nämlich Erwählung. Weil Gott nicht gebiert und dennoch Unterhalt gewährt, ist er einem Vater vergleichbar – aber nur in diesem Punkt.

Von Gott so zu reden, bedeutet für die Bibel nicht einfach Verlängerung der Familiengeschichten in den Himmel hinein. Unter all den sogenannten Göttern hat nur der Gott Israels keine Göttin an seiner Seite. Denn Sex und Kinderkriegen ist nicht göttlich, sondern kreatürlich. Eine Person aber, die Mann und Frau zugleich ist, können wir uns nicht vorstellen. Deshalb sprechen wir weiter von Gott als dem himmlischen Vater, ohne dass dies sexistisch zu verstehen wäre.

Gleichzeitig ist bekannt, dass in der Bibel wie in der Kirche eine Frau immer Repräsentantin der Menschheit war, bis hin zu Maria. Und wir haben gehört, dass ein Vater nur in ganz bestimmter Hinsicht mit Gott zu vergleichen ist. So wie wir früher Rätselfragen aufstellten: Was ist das für eine Person – sie gebiert nicht und ist doch unterhaltspflichtig? Antwort: Das ist ein Mann, speziell der Vater – und allein in dieser Hinsicht ist er mit Gott vergleichbar.

2.4 Umsetzung als Gebet

Dich Vater zu nennen, ist das Wagnis, ein sehr alltägliches (und oft belastetes) Bild zu verwenden, um den unendlich überlegenen und noch dazu verborgenen Gott anzusprechen. Das Bild aber reicht bei Weitem nicht aus. Es ist mehr falsch als wahr. Dennoch müssen wir auf dieses Bild zurückgreifen, weil es schon eine so lange Geschichte zwischen uns gibt. Vor allem aber weil wir nicht wie irgendwelche philosophischen Gottsucher vor dem namenlosen Geheimnis stehen, sondern weil der ganze Sinn des Evangeliums in der frohen Botschaft besteht, dass wir deine Kinder sind. Wenn wir aber Kinder sind, dann dürfen wir uns vertrauensvoll an dich wenden. Für Kinder ist der Vater nicht namenlos. Sondern Tag und Nacht dürfen wir zu dir rufen.

2.5 Die Vater-Anrede weist auf eine neue Qualität der Religion

Gut vergleichbar mit der Vater-Anrede des Vaterunser ist das jüdische Apokryphon Ezechiel (Übers. Eckart, Frgm. 3): »Tut Buße, Haus Israel, von eurer Gesetzlosigkeit (kehrt um). Ich habe zu den Söhnen meines Volkes gesagt:

Wenn eure Sünden von der Erde bis an den Himmel reichten, wenn sie röter wären als die Scharlachbeeren oder schwärzer als ein Sack, ihr euch aber bekehrt von ganzem Herzen und sagtet: ›Vater‹, so würde ich euch erhören als ein heiliges Volk.« – Die Anrede »Vater« ist also auf ganz ähnliche Weise wie im Vaterunser das zentrale Schlüsselwort, an dem das Bekehrtsein erkennbar ist. Das hat nicht nur für Heiden Relevanz, wie die Beispiele aus »Joseph und Aseneth« zeigen (der Heide, der sich von seiner Familie abwendet, flüchtet sich in die Arme seines neuen Vaters), sondern gilt – wie bei Jesus und den frühen Christen – auch für die innerjüdische Umkehr: Ganz ähnlich wie bei der Taufe wird auch hier der Übertritt vom Heidentum ins Judentum (Proselytentaufe oder zumindest Waschung) gleichgestaltet mit einer Umkehr innerhalb des Judentums (neue Familie mit Gott als Vater). So ist der Text aus dem Apokryphon Ezechiel in seiner Bedeutung gar nicht hoch genug einzuschätzen. – Warum ist das so? Die Anerkennung der Vaterschaft Gottes und der eigenen Kindschaft der sich zu ihm Bekennenden bedeutet in jedem Falle zumindest eine qualitative Veränderung innerhalb der bestehenden Religion des Judentums. Diese neue, höhere Qualität orientiert das Gottesverhältnis am Bild der innersten (Kern-)Familie, die sich auf Eltern, Kinder und leibliche Geschwister bezieht. Denn hier wird eine neue Intimität des Verhältnisses zu Gott gewonnen. Es ist fast überflüssig darauf hinzuweisen, dass diese Intimität nicht spezifisch christlich ist, sondern in den Psalmen und in Texten wie dem Apokryphon Ezechiel vorbereitet wurde.

Beachtenswert ist ferner, dass in dem zitierten Text aus dem Apokryphon Ezechiel das durch Umkehr erneuerte Israel »heiliges Volk« genannt wird. Denn nach der ersten Vaterunserbitte wird Gottes Name nirgendwo anders geheiligt als in seinem Volk. Die Heiligkeit des Namens Gottes ist der Weg, auf dem Gottes Heiligkeit in die Welt hinein vermittelt wird – dies aber geschieht durch sein Volk.

2.6 Muss es immer der Vater sein?

Angesichts der Gott zugesprochenen Eigenschaften stellt sich jedoch die Frage, weshalb man im Vaterunser bereits in der Anrede eine stets männliche Metaphorik verwendet.

Auch das Gleichnis vom verlorenen Sohn ist eine Drei-Männer-Geschichte: Vater, Sohn, älterer Bruder – keine Schwester, keine Mutter. Demgemäß hat auch bislang kaum ein Exeget je an die Mutter der beiden Brüder gedacht. Dank einer langen und intensiven Auslegungstradition haben wir uns an die Gestalt des Vaters gewissermaßen gewöhnt. Wie aber wäre es gewesen, wenn die Mutter dem verlorenen Sohn in die Fremde und dort »postlagernd« einen Brief geschrieben hätte? Wir gehen mal davon aus, dass Vater und Mutter an einem Strang zogen. Wie wäre es, wenn das Herz der Mutter unvermittelt zu uns spräche? Ein derartiger Brief könnte folgendermaßen lauten:

Mein lieber Junge, mein über alles geliebtes Kind, Dein Vater und ich hoffen, dass Du lebst und dass es Dir trotz der Wirtschaftskrise leidlich geht. Wir wissen nicht, wo Du steckst, der Freund eines Freundes erzählte uns nur, dass Du das Vermögen, das wir Dir mitgegeben haben, mit vollen Händen ausgegeben hast.

Den Tag, an dem Du gegangen bist und nicht wiederkamst, erlebe ich heute noch genauso schmerzhaft wie damals. Dein helles Lachen auf dem Hof höre ich noch jeden Tag, wenn ich aus dem Fenster blicke. Seither ist es still geworden auf unserem Hof.

Dein älterer Bruder war schon immer der Ruhigere, Nachdenklichere. Er war besser in der Schule, weil er im Gegensatz zu Dir nie schwänzte. Er war sorgfältig, treu und solide. Seine Arbeit als Kassierer an der Sparkasse tut er gerne und genau. Keine Revision hatte ihm je etwas vorzuwerfen. Er ist wie Dein Vater. Du warst und bist wohl noch heute ganz anders. Du warst lustig und verspielt, warst der Schwarm der Mädchen und hattest bald eine feste Freundin. In Sport und Malen hattest Du die besten Zeugnisnoten. – Während Dein Bruder an Hermann Hesses Narziss erinnerte, warst Du der Goldmund. Ein richtiger Partylöwe nebenbei. Auch mit größtem Wohlwollen konnte niemand sagen, Du habest je ernsthafte Arbeit im Sinn gehabt. Dafür konnte man in Deiner Gesellschaft fröhlich sein. Deine Ausstrahlung war eine große Leichtigkeit in Umgang und Leben. Deinen frechen, lustigen, munteren Sprüchen haben alle gern zugehört. Du warst so sorglos wie die Vögel am Himmel.

Manchmal denke ich, dass Jesus auch ein wenig so gewesen ist. Von den sogenannten kleinen Leuten und von vielen Mädchen geliebt, den Frommen und Ordentlichen aber suspekt.

Dann kam der Tag, an dem Du verlangt hast, dass Dir Dein Erbe ausbezahlt würde. Das war Dein gutes Recht. Aber es war, bei Deiner Lebenslustigkeit, auch sehr gefährlich. Und wenn es stimmt, dass Du Dein Geld mit vollen Händen ausgegeben hast, so entspricht das Deiner Art. Aber es ist eben sehr gefährlich, kein Wunder, wenn Du heute oder morgen auf der Nase liegst. So konnte es kommen, dass Dein älterer Bruder gehört haben will, Du gebest Dein Geld mit leichten Mädchen aus. Ich kann das gar nicht glauben, denn Du bist doch mein guter Junge. Aber ich bin mir ziemlich sicher, dass bei der gegenwärtigen Wirtschaftskrise und der Abwertung unserer Währung für Dich bestenfalls ein Job als Zeitarbeiter übrig bleibt. Wahrscheinlich lebst Du schon länger von der Hand in den Mund, wie man sagt. Und dann wird man krank, weil man keine Widerstandskräfte mehr hat, und hat auch bald keine »heile Hose« mehr, keine warme Kleidung im Winter. Im Billiglohnsektor wirst Du womöglich ganzjährig draußen arbeiten, nicht geschützt in einem Haus.

So schreibe ich an Dich und hoffe, dass der Brief Dich irgendwie erreicht. Freunde hattest Du ja immer genug, und die werden sicher den Brief gerne an Dich weiterleiten.

Ich kann Dich nicht bitten, jetzt und sofort nach Hause zu kommen; Du musst schon selbst wissen, wann es so weit ist. Deine innere Uhr hat bislang immer verlässlich getickt.

Mit Deinem Vater habe ich darüber gesprochen, wie es wäre, wenn Du nach Hause kämest. Er hat gesagt, er litte wie ein Hund darunter, dass wir Dich verloren hätten. Er hat gesagt, dass er schier wahnsinnig würde vor Freude, wenn Du wiederkämest. Nicht damit wir jemanden haben, den wir umsorgen, aufpäppeln und verwöhnen können; sondern weil Du so ansteckend fröhlich bist, weil Du die reine Lust am Leben ausstrahlst, die uns im Alter oft fehlt.

Mein liebes Kind, ich weiß nicht, ob Dich dieser Brief lebend erreicht. Ich weiß nicht, in welcher Verfassung Du dann sein wirst. Es gibt für alles eine Zeit im Leben. Es gibt eine Zeit des Weggehens und es gibt eine Zeit des Heimkehrens. Aber bitte bedenke: Wann immer Du heimkehrst und in welcher Verfassung auch immer Du dann sein wirst, eines sollst du wissen: Wir warten auf Dich. Größer kann keine Sehnsucht sein. Und es gibt einige Vertreter der Gottesgelehrtheit, die sagen, dass auch Gott auf diese Weise über uns Menschen denkt. Und Gott habe ihnen sogar versichert, dass selbst wenn eine Mutter ihr Kind vergessen könnte, er uns doch nicht vergessen würde, uns verloren gegangene Kinder.

Glaub mir, eine Mutter kann ihr Kind nicht vergessen, nicht nur wenn es klein und zerbrechlich ist und friedlich schlummert oder jede Minute nach der Mama schreit, sondern auch wenn es groß und ein selbstständiger Mensch geworden ist. Und glaub mir: Wenn Eltern nicht imstande sind, ihr Kind zu vergessen, dann können sie in Gedanken jeden Weg mitgehen, auch den in die äußerste Hölle. So ähnlich heißt es in einem Psalm: Und wenn ich ans äußerste Ende des Meeres ginge, so wäre das dir nicht fremd. Im Psalm heißt es sogar: So wärest du dort. Das können Eltern nicht, aber sie können warten. Und sie können sich vorstellen, wie es dem Kind zumute ist, besonders wenn es im Ausland oder in fremden Gegenden hungert und friert.

Am Beispiel der Eltern kannst Du viel über Gott lernen, über das Geheimnis allen Seins – und umkehrt kannst Du von Gott viel über Eltern erfahren. Deshalb heißt es von dem Kind, dass es verloren geht »vor dem Himmel und vor den Eltern«. Und dass der Fortgang des Kindes in die Fremde gleichbedeutend sei mit seinem Tod – weshalb seine Rückkehr als Wiederauferstehung eines Toten empfunden wird. Oft bewundere ich beim Zuschauen, wie »rührend« sich auch die Tiere, jedenfalls die Säugetiere und Vögel, in zärtlicher Selbstverständlichkeit um ihren Nachwuchs kümmern. Wie sie Gefahren abwenden und Nahrung herbeibringen. Sie tun das mit sanfter Sicherheit, als wären sie geführt von natürlicher Inspiration. Anschauungsunterricht für höheres Leben in der Umgebung des Menschen. Die Schöpfung ist so eingerichtet, sagen wir. Und wir sagen: Was muss das für ein zärtlicher Herrgott sein, der sich das Leben seiner Kreatur so ausgedacht hat. Den die Sorge um das Miteinander seiner Kreaturen dazu gebracht hat, sie mit Instinkten auszustatten. So also kannst Du aus der Schöpfung viel über den Schöpfer selbst lernen.

Und wenn Du kommst, dann wirst Du sehen, dass wir Dich bedingungslos lieben. So wie damals, als Du nachts geschrien hast, als Du vor Hunger oder Zahnschmerzen aufgewacht bist. Nein, wenn Du kommst, werden wir ein Fest für Dich feiern. So wie damals, als Du beschnitten wurdest. Es wird ein großes Fest mit 80 Gästen sein, das zwei Tage lang andauert. Vater wird das Mastkalb schlachten lassen und von weither werden die Verwandten und Freunde kommen, denn unser Sohn ist wieder da, der lebenslustige Sohn, den wir so sehr lieben. Wir werden nicht mit Dir schimpfen, was auch immer Du in der Zwischenzeit angestellt hast. Denn wir werden uns so freuen, wie wenn Du gerade erst geboren wärest. Wie bei der Geburt eines Sohnes werden wir Fahnen zu den Fenstern hinaushängen. Und das Haus wird kübelweise mit Blumen geschmückt sein. Vater wird einen Smoking für Dich leihen, Deine Hand wird ein Siegelring zieren und Du wirst elegante, bequeme Schuhe nach der neuesten Mode tragen. Und es wird Musik geben auf dem Fest und Tanz. Das Orchester der Flötistinnen aus der Stadt wird eingeladen werden, um Deine Lieblingsmusik zu spielen. Von dem rauschenden Fest werden sich die Leute noch lange erzählen.

Und Du bekommst Dein altes Zimmer wieder, denn alles liegt noch so da wie damals, als Du weggegangen bist. Es ist das Zimmer, das auch mittags schattig ist, weil man von dort aus in den Hof blicken kann. Und wir werden am Sabbat gemeinsam frühstücken, Dein Bruder und seine Familie, Vater und ich, und wir werden ein gastfreies Haus haben wie immer, damit Du Dich nicht langweilen musst.

Und so wird alles gut sein. Denn Du selbst brauchst Dich um nicht zu kümmern, wir haben genug von allem. Wenn Du nur wieder da bist. Das ist unser sehnlichster Wunsch. Du bist doch mein Kind, der Herrgott hat Dich uns geschenkt, weil er uns abgöttisch liebt und damit wir diese Liebe ungeteilt an Dich weitergeben, solange Du lebst.

Und deshalb, allein deshalb schreibe ich. Denn Liebe ist göttlich. Und ihr Maß besteht darin, wahrhaft ohne Maß zu sein.

Es ist ganz einfach mit meiner, unserer Sehnsucht. Viele Menschen verstehen das heute nicht mehr. Doch sinnvoll und nach Gottes Willen leben, das heißt: weitergeben, was wir empfangen. Nichts anderes wollten wir tun, als wir uns dazu entschlossen haben, Dir das Leben zu schenken. Dass Du da bist und lebst, ist das einzige absolut Wichtige. Alles andere findet sich dann. Jetzt aber ist Dein Leben, darauf weist alles hin, radikal in Gefahr. Deshalb: Komm, wir warten auf Dich. Wir tragen Dir nichts nach, und was Du falsch gemacht hast, wirst Du wohl irgendwie von uns abgeschaut haben. So wird unsere Freude, wenn Du nur kommst, schier und rein sein, ohne Beimischung und ohne Groll.

Auch Dein älterer Bruder ist kein Hindernisgrund. Er weiß genau, in wie vielem er Dir ähnlich ist. Er wird von ferne das Lied der Flötistinnen hören und sich zunächst als Zuhörer an den Türpfosten stellen. Die Gäste werden ihn ansprechen, und ehe er sich's versieht, wird er mitten unter ihnen sein. Das war schon bei euren Kindergeburtstagen so. Die eine oder andere von seinen Freundinnen hat immer auch Dir gefallen. Denn es wird gelten, wie es geschrieben steht: »Freut euch mit Jerusalem, jubelt über sie, ihr alle, die ihr sie liebt! Jubelt und freut euch, die ihr um ihretwillen getrauert habt. Saugt euch satt an ihrer tröstenden Brust, trinkt und labt euch an ihrer vollen Brust!« (Jes 66, 10f.).

Alle Wege unseres Lebens führen uns nach Hause. Wir meinen, das Ziel liege in der Fremde, in Wahrheit ist das Ziel der Ursprung. Deshalb sagt Christus wie auch Gott in der Offenbarung des Johannes: »Ich bin das Alpha und das Omega, der Anfang und das Ende.« So bewegen wir uns auf den Anfang zu, der uns reich gemacht hat.

Zu einem Menschen, der mit vollen Händen schenken, der leicht und frei lieben kann, sagen wir: Deine Mutter, deine Eltern müssen dich sehr geliebt haben. Ähnlich betont auch die Theologie, dass am Anfang und vor allem am Anfang der Schöpfer uns reich begnadet hat, so wie es das Kirchenlied sagt: Künstlich und fein dich bereitet. Denn Gott ist der Schöpfer jedes Einzelnen, und die Eltern heißen im Judentum die zweiten Schöpfer.

Dabei sind wir nicht rückwärtsgewandt und elternfixiert. Aber diese Haltung ist notwendig, um unser Ziel zu erreichen: der zu werden, der wir sind. Die Theologen sprachen von der Sehnsucht nach dem verlorenen Paradies. Und als Benedikt XVI. gefragt wurde, wie er sich das Paradies oder das Himmelreich vorstelle, sagte er, der Papst in der ewigen Stadt geworden ist: wie meine Jugend in Ostbayern. Natürlich kann sich jeder tausend Dinge vorstellen, die schöner sind als eine Jugend in Ostbayern. Aber alle Wege führen nun einmal in die Heimat, und Gott ist der Anfang und das Ende – für jeden Menschen auf seine Weise. Also ein Gott, der hinter aller Liebe steht und vor aller Liebe ist, der mütterlich ist und väterlich, der uns umfängt. Und selbst wenn wir ans äußerste Ufer des Meeres gingen, er wartete dort auf uns. So wie die Eltern eines verloren gegangenen Sohnes, der in seinem Herzen das unauslöschliche Siegel der Liebe trägt, die er empfangen hat.

Auch die Wege Jesu führen an den Anfang zurück. Das Holz der Krippe kehrt wieder als das Holz des Kreuzes, und Maria unter dem Kreuz ist die anbetende und stillende Maria vor der hölzernen Krippe. So weisen alle Wege auf den Anfang zurück. Aus diesem Grund sagten die Juden, die Toten würden versammelt zu den Vätern und Müttern. Und beim Aschenkreuz bekommen wir gesagt: Gedenke, Mensch, dass du Staub bist und zum Staub zurückkehren wirst *(Memento quia pulvis es et in pulverem reverteris)*. Doch das mit dem Staub ist nur die halbe Miete. Denn wir sind Staub und zugleich doch auch Gotteskinder geworden. Beides mahnt zur Bescheidenheit: Wir sind nur ein Hauch und nur Kinder. Kinder des Königs freilich und nicht Herren der Welt. Doch Kinder des Königs zu sein, ist für uns das Wichtigste überhaupt.

Wir sollen uns nicht zurückentwickeln, zugleich aber auch bedenken, dass den Kindern das Himmelreich gehört. Somit sollten wir niemals vergessen, dass Gott uns in seine Hände geschrieben hat und nicht im Stich lassen wird. Selbst wenn eine Mutter es könnte. Du siehst also, lieber Junge, dass zum Beispiel auch hier die Mutterliebe der Maßstab für die Gottesliebe geworden ist.

Nur Kinder werden nach Jesu Wort das Himmelreich sehen, also Menschen, die staunen können wie über Weihnachten in ihrer Kindheit. Das erste Weihnachten, an das ich mich erinnern kann, war das von 1945. Damals war ich gerade fünf Jahre alt geworden. Ich bekam eine selbstgefertigte Burg aus Hölzern geschenkt, mit rot bemalten Dächern und Fachwerk, das mit Stricknadeln eingebrannt war, Kirche und Türme, große und kleine Häuschen, dazu eine Zugbrücke und schöne Teile der Stadtmauer. Manchmal habe ich eine brennende Kerze hineingestellt und mich auf den Boden gelegt, um durch das Tor der Zugbrücke hindurch den Widerschein der Kerze auf den Hauswänden zu betrachten. Nichts weiter als warmes Licht auf den hellen Holzwänden mit den eingebrannten Fenstern und Türeingängen.

Und diese Burg steht bis heute in unserem Wohnzimmer. Studenten sagen, es sei das himmlische Jerusalem. Ich kann es kaum leugnen, jedenfalls ist es keine irdische Stadt. Seit fast 70 Jahren lebe ich um diese Stadt herum, so wie die Menschen früher im Schutz einer Burg siedelten.

Dass das Alpha auch das Omega ist, macht mich nicht traurig. Denn es ist kein bedrückender Kreislauf. Die Erbsündentheologie hat bei manchen einen gewissen Schaden angerichtet. In Wahrheit stehen am Anfang ja Gottes Herrlichkeit und Zärtlichkeit. Und von Erbsünde reden wir nur, weil wir davon befreit werden können, weil aus der Schuld eine glückliche Schuld werden kann. Wenn wir nämlich zurückgehen hinter das, was uns alle belastet, stoßen wir auf die Herrlichkeit der Berufung für jeden von uns, auf das, was uns allen im schönsten Sinne des Wortes blüht. Denn seit Ostern gilt: Das Jammertal unserer Welt blüht, es ist ein blühendes Tal geworden. Und wenn ich den ehemaligen Papst noch einmal treffen sollte, würde ich ihm sagen: Was mich an das Paradies erinnert, ist der unvergessliche Garten meiner Großmutter, den sie ihrerseits von ihren Großeltern geerbt hatte, mit Apfelbäumen alter Apfelsorten. Die Bäume sind inzwischen reichlich über hundert Jahre alt. Wie Gravensteiner, Cox Orange und Goldrenette – mag sein, dass es die in Ostbayern auch gegeben hat oder gar auch noch gibt.

Ich habe auch mit Vater gesprochen, wie er sich das vorstellt, wenn Du wiederkommst. Er hat auf ganz besondere Weise reagiert. Er hat nicht gesagt: Lass ihn man klingeln und dann halten wir ein paar Jahre Abstand zu ihm, so lange, wie er weg war. Er hat vielmehr gesagt, dass er Dir entgegenrennen werde. Diese Reaktion war ganz überraschend für mich. Denn jeder andere Vater würde sagen: Lass ihn mal zur Kenntnis nehmen, dass er nur der Sohn ist und nicht der Vater, nur *ein* Sohn genauer gesagt. Er will Dich sogar umarmen.

Das tun doch sonst nur Mütter. Als Deine Mutter kann ich mir nämlich vorstellen, wie es Dir geht. Denn eine Mutter weiß, was Schmerzen wegen eines Kindes sind, bei manchen die ganze Schwangerschaft hindurch, dann die Geburt, das Miterleiden der Kinderkrankheiten und des ersten Liebeskummers. Deshalb sagen unsre Weisheitsbücher, wenn sie den Sohn wieder auf den rechten Weg bringen wollen: Denke an den Schmerz deiner Mutter. Dein Vater aber ist einer, der wie eine Mutter weiß, wie es Dir geht, der unter jeder Art von Heimatlosigkeit, die Dich trifft, leidet wie ein Hund. Dein Vater ist ein ganz besonderer Vater. Er kommt Dir entgegen und verschmäht es nicht, an Deinen Leiden Anteil zu nehmen. Er ist darin wie eine Mutter, die um die Schmerzen ihres Kindes weiß. Deshalb wird es später in der Kirche ein Fest der Sieben Schmerzen Mariens geben. Denn Menschwerdung Gottes wird auch nichts anderes heißen, als dass Gott alle unsere Schmerzen teilt bis in den Todesschmerz hinein. Deshalb wird die Madonna unter dem Kreuz eine Vorlage für diesen Gott und Vater sein. Vorlage oder Nachahmung, wie man es nimmt.

Vor diesem Hintergrund wird deutlich, dass mütterliche Attribute sehr wohl auch auf Gott passen könnten. Das wird in der Bibel weder im Alten noch im Neuen Testament bestritten.

Gerade weil er über mütterliche Attribute verfügt, ist dieser Gott ein ungewöhnlicher Vater. So besteht die Besonderheit des biblischen Vaters nicht nur darin, dass er ein Vater im Himmel ist, sondern auch darin, dass er eine fast mütterliche Zärtlichkeit aufbringt. Er ist eben ein ganz besonderer Vater. Der Unterschied zu einer Mutter, die jederzeit einen solchen Brief schreiben könnte, wie er oben entworfen ist, handelt dieser Vater nicht instinktiv gemäß seiner menschlichen Mutter Natur, sondern auf der Grundlage seines erwählenden Entschlusses.

(Nach Abschluss des Manuskriptes teilte mir Dr. J. Hensel, Bockhorn, freundlicherweise mit, dass die Mutter des verlorenen Sohns in dem 1933 von Ernst Wiechert geschriebenen Stück *Der verlorene Sohn* öfter genannt wird, so wenn der verlorene Sohn immer wieder sagt: »Ich will mich aufmachen und zu meiner Mutter gehen.« Auch deshalb erregte das Stück seinerzeit [Erstaufführung Nov. 1934!] Befremden.)

3 »Der du bist im Himmel«

3.1 Grundlegende Informationen

Im Hebräischen und bis heute oft auch im Deutschen sagt man häufig »Himmel« für Gott (z. B. »das weiß der Himmel«), um den Gottesnamen zu vermeiden. Umgekehrt spricht das Vaterunser vom »Vater im Himmel«, um zu erklären: Dies ist ein besonderer, kein kreatürlicher irdischer Vater.

Die frühchristlichen Oden Salomos (um 115 n. Chr.) beginnen in Ode 4 mit den Worten: »(1) Niemand, o mein Gott, kann den heiligen Ort zuschanden machen, an dem du wohnst. Keiner kann ihn verändern oder versetzen. (2) Denn keiner hat Macht über ihn. Du erdachtest dein Heiligtum vor allen anderen Orten, (3) und was älter ist, kann nicht verändert werden durch das, was später kam und geringer ist. Du hast dein Herz, Herr, denen geschenkt, die an dich glauben. (4) Du wirst immer sein.« – Für das Vaterunser ist dieser Text wichtig, weil er den Zusammenhang von Anrede und erster Bitte plausibel machen kann: Gott wohnt im Himmel, und das ist sein Heiligtum; wenn er seinen Namen heiligt, dann breitet er durch seinen heiligen Namen seine Anwesenheit auf Erden aus. – Ähnlich ist dann auch die Erläuterung der ersten Bitte in der Liturgie des Michael von Antiochien zu verstehen: »Heilige uns durch deinen heiligen Namen, der über uns angerufen ist. Unser himmlischer Vater vollende und verwirkliche in uns deinen Namen.«

3.2 Umsetzung als Gebet

»Über den Wolken muss die Freiheit wohl grenzenlos sein« (Reinhard Mey). Ja, der Himmel ist hinter den Wolken, über den Wolken, hinter und über allem, was Welt heißt. Du, himmlischer Vater, bist so grenzenlos frei. Niemand kann dich zwingen, könnte dir befehlen, dich erpressen. Und in der Botschaft des Evangeliums gibst du uns eine Ahnung davon, was es heißt, frei zu sein von Sünde, Tod und Teufel. Aber dich und deine Freiheit gibt es nicht nur über den Wolken oder jenseits der Welt. Teresa von Avila wird nicht müde zu betonen, dass es dich genauso in unseren Herzen gibt. Denn du bist uns ganz nahe gekommen, und damit liegt der Himmel nicht in grenzenloser

Ferne, sondern in handgreiflicher Nähe. Spätestens seit der Taufe wohnst du als heiliger Geist in unseren Herzen. Teresa ist erstaunt darüber, »dass in dem kleinen Palast meiner Seele ein so großer König wohnt ... Gott, der tausend Welten erfüllen kann, schließt sich in eine so kleine Wohnung ein. Daher soll Gottes Majestät nicht zulassen, dass wir uns von seiner Gegenwart trennen.«

Und wenn Benedikt XVI. von Entweltlichung als Gegenteil der Verweltlichung spricht, dann meint er jenen Schritt in die Freiheit, der bedeutet, dir ähnlich zu werden. Eine Kirche, die gefangen ist in den Machtspielchen von Intrigen, Ruhm und Besitz, kann man nicht frei nennen. Man sieht es an Petrus, der Jesus verleugnet, weil er nicht frei geworden ist von Leidensscheu und diversen anderen Ängsten. Am Ende hast du Petrus die Freiheit geschenkt, dass er sich dorthin führen lassen konnte, wohin er nicht gehen wollte. Diese himmlische Freiheit hast du allen Märtyrern geschenkt; so konnten sie Widerstand leisten gegen alle Tyrannen dieser Welt, die eben weder »Väter« noch »Väter im Himmel« sind.

Man hat bisweilen gesagt, im Himmel bei dir zu sein, teilzuhaben an deinem Leben und deinem Reich, das sei ein Lebensgefühl und Lebensstil wie bei einer jungen Schwalbe, die in das Licht und in die strahlende Grenzenlosigkeit eines Frühlingsmorgens hineinfliegt. Sie ist durch nichts beschwert, und ihr ganzes Dasein ist wie ein einziger Jubel. Wenn wir zu dir Vater sagen, meinen wir die Wärme der Geborgenheit. Wenn wir vom Himmel sprechen als deinem Ort, meinen wir die Leichtigkeit und Freiheit.

Aber das Bild des Himmels sprengt auch die engen Grenzen unseres Herzens. Daher können wir nicht sagen, die Toten seien nur in unseren Herzen lebendig, das Reich der Himmel bestehe nur in unseren Herzen. Das würde eine Beschränkung auf das Bewusstsein bedeuten und am Ende dazu führen, dich, Gott, einzusperren. Denn auch Jesus ist nicht nur in unseren Herzen: Wenn wir fragen, wo du, Gott, denn bist, wo denn die Verstorbenen hingelangt sind, dann meinen wir nicht eine Insel oder einen fremden Stern, sondern die unfassbare Freude und die unfassbare Heiligkeit, die du selbst bist. Also etwas, das wahrhaft existiert und auf das alle unsere Sehnsucht gerichtet ist. Für mich wird das eher in Räumen anschaulich, wie zum Beispiel an der St. Michaeliskirche in Hildesheim. Benedikt XVI. hat gesagt, dass er dann eher an seine Jugend in Niederbayern denkt, die für ihn wie das Paradies oder das Himmelreich gewesen ist. Und indem wir von den Toten »in Christus« sagen, sie seien jetzt »im Himmel«, dann denken wir als Christen nicht an die Sklaverei unter der Macht des Todes, sondern an deinen Sohn, der durch seine Auferstehung schon alle Todesmacht gebrochen hat.

Indem wir beim Vaterunser zu dir, unserem Gott sagen, dass du im Himmel bist, beziehen wir uns nicht nur auf dich, von dem alle Liebe kommt, sondern auch auf die größten Schätze, die uns verheißen worden sind. Diese Schätze sind unsichtbar und unverfügbar. Unsere Sehnsucht danach kann durch nichts zerstört werden, sie ist am Ende immer Sehnsucht nach dir, unserem Gott.

Auch Augustinus spricht davon, wenn er sagt: »Spät habe ich dich geliebt.«

4 Heiligung des Namens

4.1 Grundlegende Informationen

Die Bitte um die Heiligung des Namens kann man nur übersetzen und verstehen, wenn man den Aufbau des ganzen Gebets verstanden hat. Auf die Anrede (»Unser Vater im Himmel ...«) folgen die drei Er-Bitten (V. 9f.), danach folgen die drei Wir-Bitten (V. 11–13). Diese Systematik zwingt dazu, die beiden letzten Bitten als doppelteilig aufzufassen (V. 12: Bitte und Selbstempfehlung; V. 13: nicht – sondern). Dem Reich als Zentralbegriff in den Er-Bitten entspricht folglich als Gegensatz der Böse in V. 13b. Das Reich wird verwirklicht in der Befreiung von dem Bösen.

Die Religion des Frühjudentums, die Religion Jesu und der frühen Kirche, ist in einem zuvor nie gekannten Maße eine Religion des Namens Gottes bzw. des Namens Jesu. Sowohl die Engellehre ist von daher zu verstehen als auch die Christologie. Denn die Engel haben Anteil an der Macht und Herrlichkeit Gottes durch das »-el« in ihrem Namen, während Jesus nach Phil 2,9–11 der Name »Kyrios« verliehen wurde – und damit der Name, der über allen Namen steht, nämlich der Gottesname selbst. Phil 2,9–11 schildert, wie dieser Name im universalen Gottesdienst aller Kreaturen angerufen wird. Diese Anrufung

geschieht durch »Akklamation«, also im Sinne eines lob-
preisenden Zurufs (»Herr Jesus Christus« oder »Jesus
Christus ist unser Herr«). Man kann sagen: Wenn
irgendwo der Name Gottes heiliggehalten (und damit
geheiligt) wird, dann geschieht es dadurch, dass Menschen
Gott anrufen, und zwar ihn allein. Darüber hinaus ist es
Heiligung des Namens Gottes, wenn wir ihn anrufen
»durch Jesus Christus unseren Herrn«.

Im Übrigen stellt die neuerdings üblich werdende
Formulierung »durch Jesus Christus unseren Bruder und
Herrn« eher ein Zeugnis liturgischen Unverständnisses
als eine wertvolle Korrektur eines zwei Jahrtausende alten
Ritus dar. Wenn nämlich die Formel lautet: »durch ...
unseren Herrn«, dann geht es um Heiligung des Namens
Gottes. Während »Herr« seit der Septuaginta die Wieder-
gabe des Gottesnamens ist, kann der Titel »unser Bruder«
nicht als Gottesname gewertet werden, sodass seine Ein-
fügung an dieser Stelle eher dem Bestreben nach kirchen-
volksgemäßer Correctness geschuldet ist. Auch im Neuen
Testament bedeutet »unser Bruder« keinen christologischen Hoheitstitel und schon gar keinen Gottesnamen.
Da es bei dem Schluss der Gebete nicht um eine Vollstän-
digkeit christologischer Aussagen, sondern um die Hervorhebung des anderen Trägers des Gottesnamens, unseren Herrn Jesus Christus, geht, besteht kein Grund zu
der ängstlichen Annahme, Jesus »Herr« zu nennen sei
eine Überforderung des laikalen Fassungsvermögens.

Um die erste Bitte recht zu verstehen, muss man
beachten, dass die drei Er-Bitten sich alle indirekt auch

auf menschliches Tun beziehen: Jesus betet darum, die Menschen möchten Gottes Namen heilighalten und ehren; Jesus betet, Gottes Reich möge sich durchsetzen, indem Menschen Gott anerkennen und seine Gebote halten. Auch die Bitte um die Erfüllung von Gottes Willen ist auf den Menschen bezogen, da dieser Wille sich nur im menschlichen Tun realisieren kann. Gottes Kinder sind demnach keine passiven Zuschauer, sondern wirken durch ihr Wollen und Tun mit an Gottes Reich. In den Er-Bitten wird dreimal der *imperativus maiestaticus* verwendet (»Es komme …«). So ist er auch in Gen 1,3.6.14 belegt (»es werde«), ebenso als Machtwort in der Wundererzählung Mt 15,28 (»Es geschehe dir …«) oder in Mt 8,3.13. Wer so imperativisch sprechen kann, verfügt über eine geradezu schöpferische Potenz – wohl nur Pneumatiker können so reden. Daher leitet die klassische Liturgie das Vaterunser mit den Worten *audemus dicere* ein (»Wir wagen zu sagen …«). Der Wortlaut des Vaterunsers aber erklärt selbst diese Macht: Wenn die Christen einander vergeben haben (6,12.14f.), dann wird jedes ihrer Worte erfüllt.

Zu bedenken ist nämlich, dass wir zwar ohne unser Zutun geschaffen, gerufen und begnadet sind, aber nicht ohne unser Zutun erlöst werden, denn Gottes Reich kann nur unter Menschen verwirklicht werden. Die Verbindung von (Heiligung des) Namen(s) und Königtum Gottes findet sich auch in jüdischen Gebeten, besonders im Qaddisch-Gebet: »Groß gemacht und geheiligt werde sein großer Name in der Welt … Er lasse seine Königsherrschaft herrschen in eurem Leben … Gepriesen sei sein großer Name …«

Entsprechend betet die Liturgie des Patriarchen Johannes im Vaterunser-Zusatz: »Herr, Erbarmer ... dass geheiligt werde in uns, die wir schwach und irdisch sind, dein Name, der herrlich und heilig ist.« Der Kontrast zwischen der Heiligkeit Gottes und der Schwachheit der Menschen ist hier sehr deutlich dargestellt. Analog hierzu heißt es in der Liturgie des Michael, Patriarch von Antiochien: »Heilige uns durch deinen heiligen Namen, der über uns angerufen ist. Unser himmlischer Vater, vollende und verwirkliche uns durch deinen Namen« (S. 446). Der Gegensatz zu Heiligen ist Entweihen des Namens (vgl. Ez 43,7).

4.2 Die Heiligkeit des Namens Gottes in der Verkündigung Jesu

Der Name Gottes gilt im Judentum als unaussprechlich heilig. Das bedeutet: Er ist »tabu«. Seine Bedeutung darf nicht durch eine inflationäre Verwendung in der Alltagssprache herabgewürdigt und nivelliert werden. An zwei Merkmalen der Verkündigung Jesu wird dies besonders sichtbar: Jesus spricht in Gleichnissen und anderen Bildworten, sodass Mk 4,33 sogar sagen kann, Jesus habe ausschließlich auf diese Weise geredet – zumal durch eine derart bildhafte Ausdrucksweise die Nennung des Gottesnamens vermieden wird. Zudem spricht Jesus ein Schwurverbot aus, um stattdessen zu der Wendung: »Amen, ich sage euch ...« zu greifen. Das »Amen« ist eine Ersatz-Schwurformel, die den Gottesnamen dezidiert ausspart.

Auf diese Weise soll verhindert werden, dass der heilige Name Gottes beim Schwur in dubiose unheilige Alltagsgeschäfte hineingezogen wird. Jak 5 offenbart uns eine andere, eine moralische Deutung des Schwurverbotes: Statt zu schwören, solle man lieber gleich die Wahrheit sagen. Da jedoch die ausschließlich moralische Interpretation zu kurz greift, bietet Mt 5,37 ausdrücklich eine Schwur-Ersatzformel an (»Es sei aber euer Wort: Ja, ja ...«). Entsprechend dieser Regel des doppelten Ja verwendet das Johannesevangelium wie selbstverständlich das doppelte Amen zu Beginn von Jesusworten. Auch die jüdische Parallele im Slav. Henochbuch nennt »Ja, ja« als Schwur-Ersatzformel (49,1 Böttrich). – Wer nämlich Gott anruft, wo es um eine dubiose oder nicht eindeutig geklärte Wirklichkeit geht, der ruft unweigerlich den Richter auf den Plan. Den Namen Gottes heilighalten setzt demnach voraus: Dieser Name ist machtvoll und sensibel zugleich. Er kann das Mächtigste in der Welt sein und zugleich ist er vor jeder Unlauterkeit zu schützen.

Auch die Oden Salomos thematisieren immer wieder die Heiligkeit des Gottesnamens: 8,21f.: »Meine Gerechtigkeit zieht vor ihnen her und schützt sie, mein Name wird sie nicht verlassen, denn er ist bei ihnen.« 15,8: »Wie ein Kleid zog ich Unvergänglichkeit an, weil er durch seinen Namen an mir wirkte«. 14,5b: »Lass mich erlöst werden von dem Bösen um deines Namens willen.« 22,6: »Du warst bei mir und hast mir geholfen, überall hat mich dein Name schützend umgeben.« 25,11: »Alle meine Feinde bekamen Furcht vor mir. Im Namen des Herrn lebte ich als Eigentum des Herrn.« 18,16: »Seinem herrlichen Namen gilt unser Lob!« 42,20: »Ich legte meinen Namen auf ihr Haupt, denn sie sind frei, und sie gehören mir.« In derselben – oftmals bewundernswert schönen – Sammlung ältester christlicher Hymnen heißt es in Ode 27: (1) »Ich erhob meine Hände zum Lobpreis und heiligte den Herrn mit meinen Worten. (2) Denn wenn ich meine Arme ausbreite, bilde ich ihn ab. (3) Wenn ich aufrecht stehe, bin ich der Pfahl des Kreuzes.« Den Herrn zu heiligen, heißt demnach: ihn zu loben. Die Vaterunserbitte wäre dann ganz einfach so zu verstehen: Gelobt sei dein Name.

Jesu Hochschätzung der Dimension der Heiligkeit, besonders ausgeprägt im Sprachverhalten Jesu, umfasst auch Mahnungen wie diese: »Gebt das Heilige nicht den Hunden.« Denn das bedeutet: Was heilig ist, behandelt nicht wie gewöhnliche profane Dinge. Daran kann Jesu geistige Nachbarschaft zu den Pharisäern ersichtlich werden.

4.3 Wie kommt der Name Gottes zu seiner Bedeutung?

Es ist die feste Überzeugung der biblischen Menschen: Worte in Richtung Transzendenz sind nicht Theorie und leichtgewichtige Belanglosigkeit, sondern sind Taten, die stets Folgen zeitigen. Das gilt in Bezug auf Gebet, Fluch, Segen, Schwur und Hymnus.

Vor diesem Hintergrund wird auch Jesu Zusicherung der Gebetserhörung einsichtig: Gebete werden erhört, weil der Raum zwischen Gott und Mensch kein Minenfeld, sondern ein Friedensacker ist. Wenn der Name Gottes als etwas Heiliges geachtet und gehütet werden soll, dann betrifft das direkt die Wirklichkeit Gottes selbst. Somit dürfen auch der Bruder oder die Schwester nicht beschimpft werden, weil sie als Ebenbilder Gottes gleichfalls heilig sind (vgl. Mt 5,22 mit Jak 3,9).

Gegenüber dieser biblischen Einschätzung der Worte wirkt unser neuzeitliches Verständnis von gesprochener oder gesungener Sprache wie ein Kulturbruch ersten Ranges. Zu meinen, Worte wären nur Lufthauch wie der Wind, das brandmarkt schon Jesus als großen Irrtum (»Ich versichere euch: Am Tag des Gerichtes werdet ihr Rechenschaft ablegen müssen über jedes böse Wort, das ihr sagt. Denn aufgrund seiner Worte wird jemand freigesprochen oder verurteilt« [Mt 12,36f.]). Diese Einschätzung des sprachlichen Verhaltens offenbart nicht nur ein für unser Verständnis fast magisches Verhältnis zur Sprache, sondern auch eine höchst ausgeprägte sensible Beziehung zu den Wirkkräften und -mächten in kleinen und mittleren Gemeinschaften. Der Jakobusbrief im Ganzen zeigt dieselbe Sensibilität für das Verhältnis von Sprache und Tat wie Jesus nach Matthäus.

4.4 Umsetzung als Gebet

So beten wir in der ersten Bitte des Vaterunsers: »Lass uns und andere deinen Namen loben, ihn ehren, ihn heilighalten.« Denn dein Name steht für dich selbst, und wenn

Menschen deinen Namen nennen, bist du gegenwärtig. Indem wir darum bitten, alle Menschen sollten deinen Namen loben, nehmen wir als Prinzen deines Königreiches Anteil an den Sorgen, die du, der König, über uns Menschen hegst. Nimm es als Zeichen unserer Liebe, himmlischer Vater, dass wir uns nach dem großen Gottesdienst sehnen, in dem alle Völker gemeinsam Gott loben. Die darin weltweit einige christliche Liturgie ist für uns ein Zeichen der Hoffnung darauf, dass die ganze Menschheit deinem Namen huldigen wird. Wenn sie deinen Namen heiligt, wird sie auch dessen Ruhen auf unserem Herrn Jesus Christus, deinem Sohn, voller Dank anerkennen.

Denn die alte Frage nach der Christlichkeit des Vaterunsers, nach seiner Beziehung zu Jesus selbst, gelangt dadurch in die richtige Ordnung, dass wir deinen heiligen Namen in Jesus finden, auf seinem Haupt. So können wir dich durch ihn loben.

Großer Gott, in der Taufe hast du deinen Namen auf uns und in uns gelegt. So bist du unverbrüchlich bei uns. Wir bitten dich: Mach uns heilig durch deinen Namen. Weil du deinen Namen im brennenden Dornbusch offenbarst, dürfen wir dich bitten: Lass uns durchglüht werden von der Gegenwart deines heiligen Namens. Lass Menschen, die uns umgeben, dieses Feuer spüren.

Großer Gott, dein Name ist wie der Regenbogen, eine Brücke zwischen Himmel und Erde. Denn wenn du sprichst und handelst, dann durch deinen Namen, indem du deinen Namen verschenkst. Und wenn wir uns an dich wenden, dann gehen wir auf der Brücke deines

Namens. Auf diese Weise wird dein Name erkennbar als der wichtigste Teil von dir in unserer Welt.

5 Gottes Reich

5.1 Was oder wo ist Gottes Reich?

Die Exegese hat seit 100 Jahren entdeckt, dass »Gottes Reich« zentral ist für die Verkündigung Jesu und dass es keine irdische, also weder eine staatliche noch eine kirchliche, Größe darstellt, sondern eher als »himmlisch« und »transzendent« betrachtet werden kann und damit jenseits der Weltgeschichte und des in dieser Geschichte Erwartbaren liegt. Seit diesen Resultaten der Exegese tritt die mystische Deutung des Reiches Gottes zurück, wie sie bei Teresa von Avila voll entfaltet ist.

Für Teresa von Avila bedeutet Reich Gottes nämlich das Herz des Menschen: »In diesem Gebet beginnt der Herr uns zu zeigen, dass er unsere Bitten erhört. Er will uns da schon hienieden allmählich sein Reich geben, damit wir ihn wahrhaft loben, seinen Namen heiligen und darauf hinarbeiten, dass dies auch von allen anderen geschehe. Erkennbar wird Gottes Bestreben, uns an seinem Reich teilhaben zu lassen, darin, dass wir für eine kurze Zeitspanne einen Zustand voll Wonne und Seligkeit erleben. Durch die Gegenwart seines Reiches versetzt der Herr die Seele in seinen gerechten Frieden wie einst den gerechten Simeon.«

»Das Beste kommt erst noch« – Dieser Ausdruck gibt treffend das wieder, was Bibel und Judentum unter »Reich Gottes« verstehen. Denn in der horizontalen Erstreckung der Geschichte ist Reich Gottes – gemäß apokalyptischer Erwartung – das letzte und entscheidende Reich in der Abfolge der Weltreiche. Das ist noch immer auch unser Geschichtsbild: Auf das Reich der Babylonier folgte das Reich Alexanders des Großen, darauf die Römer, die Deutschen, Spanier, Holländer, Engländer, dann die USA, danach mutmaßlich die Chinesen. Alle diese Reiche, wie viele es auch sein mögen, wird Gottes Reich beerben. Es wird das Reich der Gerechtigkeit sein, für viele schon identisch mit der Neuen Schöpfung.

In der vertikalen Erstreckung der Wirklichkeit existiert das Reich Gottes als der eigentliche, noch unsichtbare Bereich der Macht, der verborgen ist hinter aller Wirklichkeit und diese doch bestimmt. Gott lenkt die Welt als wahrer König der Geschichte: Der Mensch denkt, doch Gott lenkt. Obgleich wir sein Reich im Himmel verorten, kann es als das Beste in der Welt, als die wahre Macht betrachtet werden. Somit ist Gott schon jetzt der Einzige, vor dem es sinnvoll ist, in die Knie zu gehen. Wer das Vaterunser betet, bekennt sich zu dieser Machtverteilung in der Wirklichkeit der Welt, jetzt schon und sichtbar auch am Ende und als Ziel aller Dinge.

Deshalb ist für die Evangelien die Herrschaft Gottes der absolute Wert, und wer als Mensch zu diesem Reich gehört, hat den wahren Schatz gefunden. Auch für jeden Einzelnen gilt: Allein Gott ist der Herr und allein bei ihm kann es ewiges Leben statt eines von Dunkelheit durchdrungenen Nichts am Ende geben. Einen Schatz im Himmel zu haben, bedeutet: unabgegoltenen Lohn erwarten zu dürfen für alles, was man im Namen dieses Reiches getan hat. Insofern das Reich in seiner entscheidenden Dimension zukünftig ist, wird nur derjenige darin Lohn und Ausgleich für seine Leiden finden, der hier und jetzt auf Erden die Gebote gewahrt und für seinen Glauben gelitten hat. Gott wird Wiedergutmachung schaffen, weil er der König und der Gerechte ist.

Vor den letzten Wert, das Reich Gottes, ist eine Reihe von vorletzten Werten gelagert. Diese sind Leidensbereitschaft und Freude, Eindeutigkeit, Reinheit des Herzens und Heiligkeit, Abgrenzung von jedem nur unklaren Bekenntnis und Ähnlichkeit mit Gott (zum Beispiel im Hinblick auf die Feindesliebe). Prägend für die Bergpredigt, in der Jesus diese »bessere Gerechtigkeit« verkündet, ist nicht altruistische Barmherzigkeit im Sinne allgemeiner Freundlichkeit, sondern das alleinige Sich-Ausrichten am Königtum Gottes und seinen Maßstäben. Alle Hoffnung, alle Zukunft, das Ziel jeglichen Handelns ist allein der Anspruch des einen und einzigen Gottes (Erstes Gebot). Insofern verschärft Jesu Predigt vor allem das Erste Gebot der Dekaloggebote: Namentlich in der Bergpredigt betont er, dass der Lohn für ein gerechtes, gutes und oft mit Leiden verbundenes Handeln der Menschen allein von Gott zu erwarten sei; jedwede andere Erwartung muss demgegenüber als verdächtig und als ausschließlich auf Vergängliches gerichtet erscheinen.

5.2 Christus König und Gottes Reich

Mit der Einführung des Christkönigsfestes 1925 reagierte die Kirche auf die weltweite Abschaffung der Monarchien. In der Festpräfation heißt es: »Du hast deinen eingeborenen Sohn, unsern Herrn Jesus Christus, den ewigen Priester und König des Weltalls, mit dem Öl der Wonne gesalbt ... Wenn er einst alle Geschöpfe seiner milden Herrschaft unterworfen hat, soll er deiner unendlichen Majestät ein ewiges, allumfassendes Reich übergeben: ein Reich der Wahrheit und des Lebens, ein Reich der Heiligkeit und der Gnade, ein Reich der Gerechtigkeit, der Liebe und des Friedens (regnum veritatis et vitae, regnum sanctitatis et gratiae, regnum iustitiae, amoris et pacis).«

In der Auslegung von 1 Kor 15 und Apk 20,4–6 wird zum einen das Tausendjährige Reich christologisch gedeutet: Es ist die Zeit, in der Christus sein Reich (durch die Kirche) herstellt. Zum anderen wird das Reich Gottes eng an das Reich Christi gekoppelt, zumal die Attribute des ewigen (!) Reiches, das Jesus Christus dem Vater übergeben wird, mit denen übereinstimmen, die dem Gottesreiche nach biblischer Erwartung zugeschrieben werden. Auf diese Weise war es möglich, bereits im Credo zu bekennen: »Seines Reiches (d. h. des Reiches Christi) wird kein Ende sein.« Durch den Akt der Übergabe an Gott Vater bleibt das Reich Christi nicht auf die symbolische Zahl von 1000 Jahren beschränkt, sondern wird in die Ewigkeit hinein überschritten.

5.3 Die politischen Implikationen der Reichsbitte

In der Erwartung des Judentums löst das Reich Gottes alle bisherigen politischen Machtgebilde ab. Es ist ganz anderer Art, aber doch eben eine wirkliche Alternative zu unseren weltlichen Machtstrukturen. Gemäß dem für die Antike geltenden Grundsatz *Wie der Herrscher, so das Reich* ist die Erwartung des Reiches Gottes mit all dem gefüllt, was man von Gott erhoffen und erbitten kann. Das Ziel eines jeden Tages und aller Dinge besteht in der vollen Zuwendung Gottes zu den Menschen.

Deshalb wird »Zeit« hier auf das Ende hin gedeutet: Was in einer Zeit wirklich geschieht, wird an deren Ende sichtbar. Wir dagegen denken in der Regel oberflächlich und nicht auf das Ende (von etwas und aller Dinge) bezogen. Wenn wir Menschen belügen und betrügen, orientieren wir uns an kurzfristigen Zielen und vertrauen bestenfalls darauf, dass »die Zeit« alles heilt – Hauptsache, wir haben heute Erfolg. Dieser Mangel an Nachhaltigkeit hat vor allem gravierende politische Folgen, denn auch das politische Handeln ist von derlei Überlegungen geprägt: »Bis zu nächsten Wahl ist alles vergessen«, und bei oder nach der Wahl entscheiden wir opportunistisch und lassen uns vor allem vom momentanen Vergnügen leiten.

5.4 Die Reichsbitte im Zusammenhang des Vaterunsers

5.4.1 Die Heiligung des Namens und das Reich

Die Heiligung des Namens ist Wegbereitung für das kommende Reich. Diese Heiligung geschieht insbesondere auch durch die Wortverkündigung. Beides hat mit Widerständen zu kämpfen. Somit gilt für diesen Zusammenhang: Das Geheimnis des Glücks ist die Freiheit, und das Geheimnis der Freiheit ist der Mut. Anders gesagt: Nach Lk 21,28 stellt Jesus klar: »Wenn dies alles beginnt, dann richtet euch auf und erhebt euer Haupt. Denn eure Erlösung ist ganz nahe.« Wer mutig sein kann, der darf das Haupt erheben. Er braucht nicht traurig vor sich hin zu starren. Wenn nämlich Jesus so vom Reich Gottes spricht wie im Vaterunser, dann steht nicht der Aspekt des Gerichtes im Vordergrund.

5.4.2 Das Reich und das Tun des Willens

Gottes Reich kann nur unter der Bedingung kommen, dass Gottes Wille getan wird. Indem wir Menschen als Adressaten dieser Verheißung den Willen Gottes erfüllen, wird die Ankunft des Reiches ermöglicht – ein geheimnisvoller zwiefacher Vorgang. Hier ereignet sich etwas Ähnliches, wie wenn am Freitagabend der Sabbat seinen Einzug hält und man nach Sonnenuntergang die Türe einen Spaltbreit offen hält, damit der Sabbat wie eine Königin

einziehen kann. Möglich wird dies, indem man die Sabbat-
gebote hält, d. h. zunächst einmal alle Arbeit ruhen lässt.
Das ist ein Tun bzw. Lassen, auf dessen Grundlage sich
ein himmlisches Geheimnis vollziehen kann. Das eine ist
nicht ohne das andere möglich. Folglich gehören die
Reichsbitte und die Bitte um Erfüllung des göttlichen Willens zusammen. Analog zur Bitte um die Heiligung des
Namens steht im Griechischen dementsprechend auch
der Imperativ Passiv (»es werde getan«), wodurch die Ver-
bundenheit der beiden Dimensionen auch sprachlich veranschaulicht wird.

Gottes Name, Gottes Wille und Gottes Reich sind
drei Wege, auf denen sich Gott der Welt und den Menschen zuwendet, und zu wahrhafter Anwesenheit gelangt.
Seitdem finden sich in der Welt diese drei »Töchter Gottes« als die wahren Schätze. Obgleich Gott selbst, wie das
Gebet sagt, »im Himmel« existiert, ist er bereits auf Erden
verborgen gegenwärtig durch Name, Willen und Reich.
Demgegenüber beziehen sich die im zweiten Teil des
Gebetes folgenden sogenannten »Wir«-Bitten auf irdische
Belange, die wiederum ein recht starkes Gefälle zu dem
angehängten Schluss »Denn dein ist ...« aufweisen.

5.5 Wie soll das Reich kommen?

Die jüdischen Targumim (die aramäischen Bibelüberset-
zungen) gehen von einem Offenbarwerden des Reiches
aus. Das heißt: Einst wird man es sehen können, während

es jetzt noch verborgen ist. Allerdings kennt das Judentum den Ausdruck »das Joch des Reiches Gottes auf sich nehmen«. Diesen Aspekt rufen sich die Juden dreimal am Tag in Erinnerung, wenn sie das »Höre Israel ...« aus Dtn 6,4 beten.

5.5.1 Grundlegende Informationen

Zum mittlerweile allgemein-kirchlichen Verständnis vom Reich Gottes vgl. z. B.: Die ewige Herrschaft Gottes: Gott aber wird ewiglich herrschen. Es werden weder Tod noch Heirat noch Ehe da sein. Es wird weder betagte noch junge Menschen geben – alle werden gleich aussehen und gleichaltrig sein, alle 30 Jahre alt. Es werden weder Eifersucht noch Neid da sein, sondern vollkommene Liebe und Freude im Namen Gottes, unseres Erlösers (vgl. Slav Jesaja-Apk I, ed. J. Petkov, S. 437, K. 18).

Mit der Bitte um das Kommen des Gottesreiches in Mt 6,10 gehört das Vaterunser zu den kletischen Hymnen, die etwas oder jemanden herbeirufen (von gr. *kalein,* davon *kletos*). Hiermit verwandt ist das Maranatha »*Komm, Herr*«, in 1 Kor 16,22; Did 10,6; Apk 22,20. Vom »Kommen des Reiches« spricht im Judentum das Targum (aram. Übersetzung) Micha 4,8 (»Und du Gesalbter Israels ... das Königreich soll kommen zu dir, und die frühere Herrschaft soll wiederhergestellt werden«). Das Targum eröffnet mithin eine christologische Deutung: Wenn nämlich das Königreich »kommt«, dann bedarf es eines königlichen Trägers, eines Königs; und wenn das Targum das Ziel des

Kommens mit »zu dir« angibt, dann darf man so kühn sein, im Vaterunser die Richtung »zu uns« voraussetzen (so wie es zu Anfang »unser Vater« ist, der angesprochen wird – und nicht nur der Vater Jesu von seinem Sohn).

5.5.2 Die jüdische Rede vom Offenbarwerden des Reiches

Schon das Judentum der Targumim unterscheidet klar zwischen dem verborgenen Reich Gottes im gegenwärtigen Alltag und der Offenbarung des Reiches am Ende der Zeiten. Von daher lässt sich verstehen, dass das Urchristentum vom Wirken und Wachsen des Reiches, d. h. von Gottes Kommen, in der Jetzt-Zeit spricht und dieses abgrenzt von der »Ernte«, vom Gericht, von der Wiederkunft Jesu Christi. Die Wachstumsgleichnisse etwa verstehen unter »Reich Gottes« nicht die Endzeit, in der Gericht gehalten wird, sondern heben immer wieder auf ein anderes Verständnis des Reiches ab: Sie verweisen darauf, dass es sich mit dem Reich Gottes wie mit folgender Geschichte verhalte – und nehmen dann beispielsweise verschiedene Phasen von der Aussaat bis zum Verbrennen der Spreu in den Blick.

5.5.3 Ende der Welt?

Wenn wir sagen: »Dein Reich komme«, dann beten wir Christen nicht um das Ende der Welt. Vielmehr ereignet sich das Kommen des Reiches Gottes in unserer aktuellen

Jetzt-Zeit, weshalb unsere Bitte auf dessen Wachstum und Kräftigung ausgerichtet ist. Gottes Königreich kommt bereits jetzt im Verborgenen, kaum sichtbar, doch es bringt schon Früchte hervor – auch wenn man die Konsequenzen für die Täter oft noch nicht sieht. Gottes Reich existiert zwischen Verborgenheit und Offenbarwerden. Es kommt, indem das Samenkorn Fuß fasst, indem Menschen, wie die Juden sagen, das Joch des Reiches Gottes durch das Beten (!) des Schma auf sich nehmen. Da das Vaterunser um den Begriff »Reich« zentriert ist, wundert es nicht, dass es das »Höre Israel« im Sinne der dreimaligen Gebetspflicht pro Tag sehr schnell ersetzen konnte. Da in der älteren Lukasfassung des Vaterunsers die Reichsbitte fehlt, kann in diesem Sinne liturgische Bedeutung für den Alltag der Christen nur das Vaterunser nach Matthäus erlangt haben (die Fassung der Didache entspricht weitestgehend der bei Matthäus).

Wir halten fest: Das *Offenbarwerden* des Reiches Gottes ist streng zukünftig und geschieht am Ende der Welt. Das *Kommen* des Reiches ist davon zu unterscheiden, es geschieht jetzt schon, und zwar Schritt für Schritt. Die Wachstumsgleichnisse Jesu geben davon Kunde. Die Tatsache, dass unsichtbar das von Gott Gesäte stetig gedeiht, hat Christen aller Jahrhunderte getröstet und ermahnt. Dadurch ist Gott seit jeher der kommende Gott. Einer meiner Freunde nennt sein Gemeindeblättchen ganz in diesem Sinne: »Die kommende Kirche«.

Von dieser Einsicht her ist auch die Rede Jesu vom Kommen des Reiches in Mk 9,1 zu verstehen. Jesus spricht hier nämlich nicht vom Weltende und hat sich somit auch nicht »grundlegend« geirrt oder getäuscht, weil dieses bislang nicht eingetreten ist. Vielmehr ist die zeitliche Begrenzung (»Unter denen, die hier stehen, sind einige, die den Tod nicht kosten werden, bis ...«) darauf zu beziehen, dass Jesus, der Sohn dieses Königs, schon sieben Tage später in einer mystischen Vision am eigenen Leib die verklärende, verwandelnde Macht dieses Reiches erfährt. Wie zuvor angekündigt, sind einige Jünger Zeugen jener Verwandlung des Prinzen, in der das Reich auf uns Menschen zukommt. Hier ergibt sich auch eine gute Brücke zu Teresa von Avila, denn auch nach ihrer Auffassung wird Gottes Reich in mystischer Erfahrung zugänglich, »beginnt Gott schon hienieden, uns sein Reich zu geben«. Diesbezüglich beruft sich Teresa – wie auch viele andere Mystiker – für diese visionär-charismatische »Gegenwart« des Reiches dezidiert auf Lk 17,21 (»Denn das Reich Gottes ist [schon] mitten unter euch«). Demnach kann festgehalten werden: Gottes Königsherrschaft ist nicht nur das sichtbare Ende der Geschichte, sondern auch unsichtbar jetzt schon die alles entscheidende Wirklichkeit.

5.5.4 Die Sehnsucht der frühen Christen nach Gottes Reich

Wohl unvergesslich ist jedem, der das Buch gelesen hat, die Schilderung eines frühchristlichen Gottesdienstes, die Wilhelm Bousset in seinem Buch *Kyrios Christos* (Göttingen 1913, S. 89) vorgelegt hat: »Tagsüber zerstreut, im Beruf des alltäglichen Lebens, in der Vereinzelung, innerhalb einer fremden Welt dem Spott und der Verachtung anheimgegeben, sammelten sie sich des Abends, wohl so oft wie möglich, zur gemeinsamen heiligen Weihemahlzeit. Da erlebten sie die Wunder der Gemeinschaft, die Glut der Begeisterung des gemeinsamen Glaubens und einer gemeinsamen Hoffnung; da flammte der Geist auf, und umgab sie eine Welt voller Wunder; Propheten und Zungenredner, Visionäre und Ekstatiker beginnen zu reden, Psalmen, Hymnen und vom Geist eingegebene Lieder durchtönen den Raum, die Kräfte brüderlicher Mildtätigkeit werden in ungeahnter Weise wach; ein unerhört neues Leben durchpulst die Schar der Christen. Und über diesem ganzen Gewoge der Begeisterung thront der Herr Jesus als das Haupt seiner Gemeinde, mit seiner Kraft in einer den Atem raubenden Greifbarkeit und Gewissheit unmittelbar gegenwärtig ... Der heilige Kultname des alttestamentlichen Jahve, der über dem Kult in Jerusalem waltet, erscheint hier übertragen auf den neuen Kyrios, das feierliche Bekenntnis des Deuterojesaja (45,23) zu dem allmächtigen Gott ist an Jesus gerichtet.«

Dieser klassische Text verbindet sich mit meiner Erinnerung an Stunden des Harrens und Betens in einem Bergwerkstollen gegen Ende des Zweiten Weltkrieges. So denke ich mir einen frühchristlichen Gottesdienst, in dem die Gemeinde des Nachts um das Kommen des Reiches fleht. Es ist spät, längst mitten in der Nacht. Die Gemeinde ist seit Sonnenuntergang zusammengekommen. Jeder Christ, jede Christin ist bedroht durch Blockwarte in seinem Wohnviertel, welche die Christen als schlechte Staatsbürger denunzieren. Man weiß, es hat schon Märtyrer gegeben. Die versammelten Christen warten Stunde um Stunde, bis durch die Türöffnung die ersten Strahlen der Sonne hineintreten und sich mit den Flammen der flackernden Öllämpchen vermischen. Nach der Ordnung des Gottesdienstes wird zunächst aus dem Buch des Propheten Daniel vorgelesen. Dann gibt jemand, der sich darauf versteht, eine Auslegung, in der auch die politischen Machthaber der Gegenwart nicht geschont werden. In Kapitel 2 und in Kapitel 7 des Danielbuches stehen die aufregendsten Texte. Sie deuten die Geschichte im Bilde mächtiger Bestien, die darauf lauern, dass einer des anderen Macht erben kann. Die Gemeinde antwortet mit Halleluja. Denn das Kreuz wird siegen. Zum Abschluss stehen alle mit erhobenen Händen da und beten voll Sehnsucht: Dein Reich komme. Dein Reich, in dem nicht mehr die todbringende Macht der gottlosen Mächtigen herrscht. Dein Reich, dessen Beginn wir im Mahl der Sehnsucht schon feiern, da der Herr schon verhüllt gegenwärtig ist. Dein Reich, in dem die Märtyrer leuchten und die Toten in Christus lebendig sind. Denn denen, die an dich glauben, wird das Leben nicht genommen, sondern sie werden verwandelt. Und wir leben für eine siegreiche Hoffnung. Denn das Leben wird siegen. Dann endlich geht die Sonne auf. Jeden Morgen ist sie das Zeichen des auferstandenen Christus. Und wenn ein Christ stirbt, ist es nur so, wie wenn die untergehende Sonne ihre Strahlen einsammelt.

5.5.5 Umsetzung als Gebet

Herr Gott, so bitten wir, darum, du mögest für viele und immer mehr Menschen der König der Herzen sein. Denn dein Reich kommt, wenn seine radikale Gerechtigkeit wie ein Magnet Menschen anzieht und verwandelt. Wir danken dir, Herr Gott, dass du uns an der Verklärung Jesu hast erfahren lassen, dass dies die Kraft ist, die den Tod überwindet. Gib uns und vielen anderen die Sensibilität für das Leiden anderer und das untrügliche Gespür für dein Recht in der Welt der Menschen. Dein Reich komme, indem Menschen die unwiderstehliche Zugkraft deiner Liebe zu allen Kreaturen wahrnehmen.

6 Lukas 11,3: Dein heiliger Geist komme

6.1 Grundlegende Informationen

»Es komme dein heiliger Geist auf uns und reinige uns« – so heißt es anstelle von »Es komme dein Reich« in einigen sehr alten und sehr glaubwürdigen Handschriften der griechischen Textüberlieferung. Deshalb glaubwürdig, weil bei einem so bekannten Gebet der Druck zur Angleichung an das so bekannte Matthäusevangelium sehr stark war. Glaubwürdig ist diese Fassung der Bitte um das Kommen auch, weil es im 11. Kapitel des Lukasevangeliums ausdrücklich um die Bitte um den Heiligen Geist geht: In 11,13 versichert Jesus den Jüngern, dass der Vater im Himmel (vgl. Mt 6,9!) denjenigen den Heiligen Geist geben wird, die ihn darum bitten, und er zieht zur Illustration das Bildwort vom Fisch und vom Skorpion heran. Man kann daher das ganze Kapitel Lukas 11 als eine Aufforderung zur Bitte um den Heiligen Geist ansehen.

Wenn die These von M. Klinghardt (*Das älteste Evangelium*, 2014) zutrifft und Lukas den markionitischen Text voraussetzt und bearbeitet, dann ist an dieser Stelle bei Markion ein Stück sehr alter Überlieferung erhalten.

Und die Wirkung des Heiligen Geistes besteht (gemäß Markion, Gregor v. Nyssa und ehrwürdigen alten Papyri nebst der Minuskel 162) darin, dass er »uns reinigt«. Denn der Heilige Geist ist der reine Geist (so wie viele Tauben weiß sind), der im Gegensatz zu den unreinen bzw. bösen Geistern steht. Die unreinen Geister sind diejenigen, die in toten Göttern namens Götzen wohnen, oder sie sind Totengeister. Insbesondere sind es die Totengeister der Riesen, der Kinder aus Himmelssöhnen und Menschentöchtern, die nach Gen 6 zu Dämonen wurden. Damit ist ein pneumatologischer Dualismus gegeben: Gute Geister (Engel und Heiliger Geist) stehen den bösen diametral gegenüber. Es spricht also einiges dafür, dass Jesus zumindest auch die lukanische Fassung formuliert hat, denn das würde zur exorzistischen Praxis Jesu passen. – Reinheit ist eine auch im Christentum lebendige Kategorie, da sie Freiheit von Sünde, Tod und Teufel bedeutet.

6.2 Umsetzung als Gebet

Komm, guter Geist, komm, Gott Heiliger Geist. Du Licht der Herzen, vertreibe alle Finsternis. Weil du heilig machst, bist du auch der heilende Geist. Du bist je und je derjenige, der von innen her erneuert. So ist dein Kommen die Art, in der Gott seine Herrschaft in der Welt durchsetzt, als sanfte Revolution, die das Größte mit äußerster Konsequenz ohne Gewalt durchsetzt. Komm, Gott Heiliger Geist, denn so wie du kommst, werden wir erneuert und wird die altgewordene Welt neu geschaffen. Komm, reinige uns von aller äußeren und inneren Korruption.

6.3 Lukas-Vaterunser und Epiklese

Bemerkenswert ist auch dieses: Weil bei Lukas die Bitte um das Geschehenlassen des Willens Gottes fehlt, folgt auf die Geistbitte direkt die Brotbitte. So also lautet das Vaterunser dann bei Lukas: »Vater, geheiligt werde dein Name, Es komme dein heiliger Geist auf uns und reinige uns. Gib uns täglich unser Brot für den kommenden Tag ...« Diese Verbindung von Brot- und Geistbitte aber findet sich auch noch an anderer prominenter Stelle, und zwar im Kanonteil der Heiligen Messe. In nahezu allen Formularen über die Eucharistiefeier in Ost und West steht im Kanon eine Bitte um das Kommen des Heiligen Geistes auf die eucharistischen Gaben. In der traditionellen »tridentinischen« Messe lautete das Gebet »Veni sanctificator ...«: »Komm, Heiligmacher ...«). – Ebenso ist aber ein eucharistisches Verständnis der Brotbitte des Vaterunsers weithin belegt (bis zu Teresa von Avila), und es ist seit anderthalb Jahrtausenden keine Form der Eucharistiefeier vorstellbar, in der diese Bitte gefehlt hätte. Überdies verdankt das Vaterunser seine Stellung in der heiligen Messe unmittelbar im Anschluss an den Kanon zweifellos auch der eucharistischen Deutung: Nachdem die Gaben konsekriert sind, bittet das Vaterunser um deren tägliche Bereitstellung. Es lässt sich vor diesem Hintergrund anhand der Liturgiegeschichte nachvollziehen, dass es den unumstößlichen Grundsatz gab: »Keine Konsekration ohne Bitte um den heiligen Geist« (Epiklese).

Wenn man weiterfragt, wie es denn zu diesem Grundsatz gekommen ist, dann gibt das lukanische Vaterunser die Antwort. So lautet die These: Die Verbindung von Geistbitte und Brotbitte geht zurück auf das Vaterunser in der Lukas-Fassung. Sie hat zumindest hier ihren ersten Niederschlag gefunden, und sie beruht auf einer eucharistischen Deutung der Brotbitte. Teresa von Avila sagt dazu: Gott weiß doch sowieso, was wir brauchen. Um Brot zum Überleben müssten wir folglich gar nicht erst bitten. Also kann im Vaterunser am ehesten die Eucharistie gemeint sein. Übrigens zeichnet sich hier gleichfalls die später verbreitete Sitte der Kommunion sub una (d. h. die Gabe nur des Brotes) ab.

Wenn es bei Lukas weiterhin heißt: »und reinige uns«, so liegt hier eine archaische und sehr grundsätzliche Theologie des Heiligen Geistes vor. Denn diese Auffassung, dass der Heilige Geist reinigt, hat dazu geführt, dass die christliche Taufe eine Taufe mit Wasser und Geist ist. Dass der Heilige Geist »flüssig« ist, wusste man auch schon zuvor. Dies wird dann jedoch häufig mit der Öl-Metaphorik dargestellt. Doch wenn es um den reinigenden Charakter des Sakraments der Taufe geht, ist Wasser das Mittel der Wahl. Somit wird bei der Taufwasserweihe in der Osternacht der Heilige Geist angerufen, er möge in das Taufbecken und das Taufwasser hinabsteigen (*descendat in hanc plenitudinem fontis virtus spiritus sancti:* »Es steige herab in diesen reichlichen Quell die Kraft des Heiligen Geistes«). Wenn man von dem hohen Quellenwert von Lk 11,2 ausgehen darf, besitzt das Vaterunser außer der christologisch möglichen Deutung des Namens in Lk 11,1 und Mt 6,8 also auch trinitarische Elemente, weil es hier um den Heiligen Geist geht.

7 Die unterschiedlichen Fassungen des Vaterunsers

Die drei alten Fassungen des Vaterunsers (Mt 6; Lk 11; Didache 8) sind voneinander recht klar unterschieden, und das bedeutet nicht nur, dass dieser oder jener Satz fehlt oder hinzugetreten ist, sondern es sagt auch einiges aus über die unterschiedliche Deutung des Vaterunsers bei dem jeweiligen Berichterstatter. Vorab sei bemerkt, dass wir hier nicht die Frage erörtern werden, welche Fassung denn ursprünglich sei. Darüber hat man lange und ergebnislos gestritten. Die Frage selbst ist so sinnlos wie die Vielheit der Antworten. Der Sinn der Auslegung der Texte besteht nicht darin, die Texte künstlich abmagern zu lassen und das Gerippe dann heiligzusprechen. Den Reichtum und die Fülle der Aspekte nehme ich somit nicht als Anlass für geistliche Magersucht, sondern ich freue mich darüber und fühle mich wohl in dieser katholischen Fülle.

Beginnen wir mit der kürzesten Fassung bei Lukas: Lukas beschränkt sich auf die Anrede »Vater«, er spricht nicht vom »Vater im Himmel«. Die matthäische Form ist dem Hebräischen näher, weil Himmel eine Umschreibung für Gott ist. Der Vater im Himmel ist daher *Gott* als Vater. Die Bitte »Dein Wille geschehe« fehlt bei Lukas. – Die Brotbitte bezieht Matthäus auf das »heute«, Lukas dagegen sagt statt dessen »Tag für Tag«. Matthäus setzt demnach schon voraus, dass das Vaterunser ein tägliches Gebet ist, ähnlich die Didache (Lehre der Zwölf Apostel, die anordnet, das Vaterunser sei dreimal am Tag zu beten – entsprechend dem jüdischen »Höre Israel …«). Wichtiger ist – gerade für das antike Verständnis –, dass in der Lukas-Fassung die Erlösungsbitte am Schluss fehlt. Das lukanische Vaterunser endet daher mit der Bitte: »Und führe uns nicht in Versuchung«. Dies ist vor allem deshalb bedeutsam, weil Anfang und Schluss eines Textes am meisten darüber Aufschluss geben, was der Verfasser mit dem ganzen Gebet beabsichtigte.

Bei Lukas ist das recht klar. Der Bogen zieht sich vom lapidaren anfänglichen »Vater!« bis zum Höhepunkt des

Gebetes, wonach dieser Vater nicht in Versuchung führen soll. Beide Formulierungen weisen in die Sprache und Gedankenwelt der Neubekehrten. Das gilt schon für Bekehrungsgeschichten aus dem umgebenden Griechisch sprechenden Judentum, aber ganz genauso für das frühe Christentum, und es kann gut sein, dass es bald auch wieder in unseren Breiten an Gültigkeit gewinnt: weil derjenige, der bekehrt ist, seine angestammte Familie aufgegeben und verlassen hat, weil er enterbt wurde und sich eine neue Sippe suchen musste. »Vater« ist damit nicht mehr der biologische irdische Vater, sondern der neue himmlische Vater. Ganz in diesem Sinne stiftet auch Jesus überall die neue Familie seiner Kirche. Analog hierzu beziehen sich die »Versuchungen« vorrangig auf all die Anreize aus der biografischen Vergangenheit des Neubekehrten, die eine Rückkehr in den alten Status, einen Rückfall also, nahelegen. Im lukanischen Vaterunser treffen wir folglich auf den neubekehrten Jünger Jesu, der angefochten ist und Halt sucht. – Dementsprechend kann die Erlösungsbitte bei Lukas fehlen, denn der Neubekehrte ist gerade gerettet worden. Insofern diese Bitte im Lukasevangelium nicht enthalten ist, steht das Eingeständnis der eigenen Schwäche am Ende. Ohne Gott wären die Christen den Versuchungen schutzlos preisgegeben.

Im Unterschied zu Matthäus spricht Lukas von den »Sünden« der Christen, nicht nur von ihren Versäumnissen oder von dem, was sie schuldig geblieben sind. »Sünden« ist der härtere und realistischere Begriff, und die Tatsache, dass Christen wieder sündigen, kann als das sicherste Anzeichen dafür gewertet werden, dass der Rückfall, den die Schlussbitte abwenden will, schon kräftig im Gange ist. Denn »Sünde« ist das Merkmal der Heiden, sie sind die Sünder schlechthin.

Matthäus dagegen spannt den Bogen vom himmlischen Vater (Gott) bis zum Bösen (Teufel) am Ende. Das hat auch einen Bezug zu Gottes Reich, das der Herrschaft des Teufels entgegengesetzt ist. Die Befreiung von dieser Herrschaft bedeutet das Ankommen des Reiches Gottes in der Gegenwart. Das heißt: Wann immer der Teufel oder sein Bodenpersonal, die Dämonen, vertrieben worden sind, kann direkt Gottes Herrschaft an deren Stelle treten. Wo Gottes Reich besteht, indem wir ihn anerkennen und durch das Halten seiner Gebote ehren, hat der Teufel mit all seinem Schrecken keine Macht. – Der Aufbau des Vaterunsers nach Matthäus nennt daher Ross und Reiter. Und für uns Beter geht es um die Ängste, die uns plagen. Das Vaterunser zu beten, ist demzufolge eine hervorragende Waffe gegen Angst und Unsicherheit.

8 Gottes Wille soll geschehen

8.1 Grundlegende Informationen

Wo immer in den Evangelien und bei Paulus von Gottes Wille die Rede ist, geht es um das, was die Menschen tun sollen – und nicht um das, was sie »nach Gottes Willen«

angeblich leiden sollen. Auch in Gethsemane gilt nicht
der Plan und entschiedene Wille Gottes, der Jesus leiden
lassen will; vielmehr ist hier Gottes Wille darauf ausgerichtet, dass Jesus um Geduld betet und die Versuchung übersteht, indem er bleibt und nicht wegläuft.
Interessant ist jedoch die Frage, wie sich der jeweils aktu-
elle Wille Gottes zu dem verhält, was im »Gesetz« (des
Alten Testaments) als Gottes Wille fixiert ist. Denn diese
Frage bezieht sich auf das Problem, wie buchstabengetreu
die praktische und alltägliche Frömmigkeit des Judentums,
Jesu und der Christen ist, war oder sein soll. Ist Gottes
Wille unser Leiden und am Ende unser Tod, die wir gehorsam hinnehmen müssen? In unseren Ohren klingt nach,
wenn bei Beerdigungen die Menschen am Grab murmeln:
»Dein Wille geschehe«. Dadurch hat der Wille Gottes
etwas Finsteres erhalten. Und viele denken auch an Jesu
Gebet im Garten von Gethsemane: »Nicht mein, sondern
dein Wille geschehe« – in der festen Überzeugung, dass
Gottes Wille das Leiden und Sterben Jesu sei. Doch sind
die mörderischen Soldaten, die Jesus quälen und töten,
nur Vollstrecker von Gottes Willen? Sind jetzt Mörder
und Mordgehilfen Gottes Engel? Was ist Gottes Wille
wirklich? Sind Spott und Quälereien, Annageln der Füße
und stundenlanger betäubender Schmerz des Gekreuzigten wirklich Ausdruck von Gottes Willen? Und in der
Anwendung: Ist es richtig, wenn wir angesichts des Todes
eines Kindes sagen: Es hat dem Herrn gefallen, unseren
kleinen Sohn abzuberufen aus dem Leben. Nein, das kann
nicht sein. Es kann Gott doch nicht gefallen, wenn ein

Kind stirbt, ohne richtig gelebt zu haben. Wenn bei einer Beerdigung gesagt wird »Es hat dem Herrn gefallen ...«, bin ich immer versucht, dazwischen zu rufen: Nein, dieser Tod hat Gott nicht gefallen, der Tod gefällt ihm überhaupt nicht. Deshalb ist Jesus auferstanden, um uns Gottes wahren Willen kundzutun. Ist es daher dein Wille, dass wir uns lieben, dass wir leben und glücklich sind?

Aber weshalb sagt dann Jesus im Garten: »Nicht mein, sondern dein Wille geschehe«? Gottes Wille in Gethsemane ist wohl nicht die mörderische Quälerei, sondern Gottes Wille ist, dass Jesus aushält und nicht fortläuft. Und der Tod eines Kindes ist nicht Gottes spezieller Wille, sondern die Konsequenz aus unserer Endlichkeit, die Gott aushält und die auch wir letzten Endes aushalten müssen. Aber das Aushalten ist doch nicht das erwünschte Ziel, nicht das letzte Wort, sondern der bittere Übergang. Während dieser Zeit des Übergangs erkennen wir uns Menschen am besten wieder im Bild des Gekreuzigten. Bei vielen Kruzifixen der ausgehenden Romanik blickt Jesus jedoch nach oben, zum Himmel: Weil Gott Jesus schon auferweckt hat, gilt die Bitte des Vaterunsers »wie im Himmel, so auf Erden« auch für das Ende des Leidens. Lass Leiden und Tod wie bei Jesus als Auferstehung und im Himmel enden.

Nirgendwo in den Evangelien kann ich erkennen, dass Gottes Wille sich auf das Leiden der Menschen bezieht. Immer ist der Wille auf das Handeln ausgerichtet. – Selbst Paulus verweist in Bezug auf den Willen Gottes nicht einfach auf das Gesetz, sondern sagt in Röm

12,2: »Lernt zu unterscheiden, was Gott will und was nicht.« Das heißt: Hier geht es um eine Erkenntnis, an der Christen aktiv arbeiten müssen.

Bei Teresa von Avila finden wir beides. Einerseits sagt sie: »Gott will, dass wir die Wahrheit lieben, und wir lieben die Lüge; er will, dass wir nach dem Ewigen trachten, und wir neigen uns dem Vergänglichen zu; er will, wir sollten große und erhabene Dinge anstreben, und wir begnügen uns mit den niederen Dingen dieser Erde. Er will, wir sollten nur das Sichere umfassen, und wie wählen lieber das Unsichere … Darum lasst uns Gott bitten, dass er uns für immer von den Gefahren dieses Lebens befreie und von allem Übel erlöse.« Deshalb ist für sie der eigentliche Wille Gottes die Liebe: Weil Jesus wusste, dass er dem Willen des Vaters entspricht, indem er uns liebt wie sich selbst, darum suchte er dieses Gebot auch mit den größten Opfern zu erfüllen.

Andererseits folgt Teresa der traditionellen Auslegung von Gethsemane: »Gott erfüllte seinen Willen an Jesus, indem er Leiden und Schmerzen, Schmähungen und Verfolgungen ihm zusandte … Daraus könnt ihr erkennen, was sein Wille ist.«

Doch das Umgreifende ist nach Teresa, dass wir Gott unseren Willen schenken. Das heißt in jedem Falle: »Wir erkennen, wie wir selbst so gar nichts sind, und wie Gott allein alles ist.«

Wer Gott große Liebe entgegenbringt, den hält er für fähig, viel für ihn zu leiden. So ist unser Dienst: Hingabe unseres Willens. – Und von Gott gilt auf jeden Fall: Er

nimmt nichts, und er gibt alles. Er nimmt nicht unsere
Lebensfreude, unsere Gesundheit oder unser Glück. Vielmehr gibt er alles: Wahre Freude, glückliche Freiheit und
sich selbst.

Vgl. dazu die Liturgie des Johannes von Bosra (S. 433):
»Befreie uns von bösen Werken, ... gib uns, dass wir nach
deinem Willen leben.«

8.2 Wie im Himmel, so auf Erden

»Wie im Himmel, so auf Erden« – das meint: Im Himmel
wird Gottes Willen schon getan, aus dem Himmel hat
Gott auch den Teufel, den Ankläger bereits herausgewor-
fen, nur auf Erden müssen wir noch von ihm befreit werden. Um diese Befreiung ringt auch die Schlussbitte des
Vaterunsers. Vor allem ist Gottes Reich im Himmel schon
gegenwärtig, daher ist bei Matthäus vom »Reich der Himmel« die Rede. Wenn das Reich kommt, dann kehren auch
auf Erden »himmlische Zustände« ein. Denn dann gibt es
niemanden mehr, der sich Gottes Willen entgegenstellt.
Während demnach im Himmel der Wille Gottes schon
jetzt restlos durch die Engel erfüllt wird, wird diese
Umsetzung auf Erden noch von den Menschen verhindert.

Bei dem Versuch, diese wenigen Worte »wie im
Himmel, so auf Erden« im Rahmen des Urchristentums
und des umgebenden Judentums zu verstehen und ihre
Folgen zu überdenken, erschließt sich von daher noch
einmal ganz neu der Zusammenhang von Liturgie, Theo-

logie und Kirchenbau. Der Gebetswunsch zielt darauf ab, Gott möge seine Herrschaft und den Glanz seiner Herrlichkeit nicht auf den Himmel beschränken, sondern auf die Erde ausdehnen und endlich auch hier durchsetzen. Damit aber rührt das Vaterunser auch an das Verhältnis zwischen Engeln und Menschen. Denn der Himmel ist Inbegriff der Ordnung. Die Engel verherrlichen Gott und jubeln ihm zu. Sie befolgen widerspruchslos seine Anordnungen – in diese Ordnung ist nach der Auffassung des Judentums auch die Meteorologie eingebunden. Deshalb kommen Tau und Regen, Schnee und Hagel, Blitz und Donner dann, wenn Gott es will. Die Engel sind auch unter sich hierarchisch geordnet, zumal sie als ein großes Heer mit Feldherren (Strategen), in Gruppen geordnet vorgestellt werden. Ihr Tagesplan, das unaufhörliche Singen von Hymnen, ist streng geordnet. Das Stundengebet der Mönche als Choralgesang wird später diese heilige Ordnung nachzuahmen suchen.

Im Unterschied zu den Engeln sind die Menschen, wie man sagt, deviant. Die Einteilungen in ihren Zeitrechnungen haben die Kennzeichnung »Ordnung« nicht verdient, sie haben sich nicht dem unaufhörlichen Lob Gottes verschrieben, vor allem aber befolgen sie in der Regel nicht Gottes Anordnungen, seine Gebote. Wenn Jesus im Vaterunser bittet, Gott möge seinen Willen durchsetzen, dann soll das heißen: Herr unser Gott, du hast der Schöpfung feste Regeln gegeben, und alle Geschöpfe halten sich gehorsam an diese Ordnung. Immer wieder hast du mit Liebe und Strenge versucht, die Menschen zu bewahren vor der Zerstörung ihrer selbst und der Schöpfung. Die Propheten haben wir getötet und schließlich deinen Sohn umgebracht. Das ist und bleibt der einsame Gipfel der Bosheit und Dreistigkeit. Trotzdem hast du in nicht nachlassender Zuwendung der Menschheit in Gestalt der Kirche eine Lehrerin deines Willens geschenkt. Doch das alles zusammen führte zu den unglaublichsten Verbrechen und schließlich zu dem Versuch der Menschen, dein auserwähltes Volk industriemäßig umzubringen. Viel zu spät erst haben wir gemerkt, dass dieser Versuch der zweite Gipfel der Sünde und Verlorenheit war. Manche wollen jedoch noch nicht einmal das Geschehene selbst zugeben oder einsehen.

Wenn wir also bitten »wie im Himmel, so auf Erden möge sich deine Ordnung durchsetzen«, dann können wir den Trümmerhaufen nicht übersehen, den der Mensch angerichtet hat, anstatt sich endlich auf diese Ordnung einzulassen. Dabei lehrt uns doch Jesus Christus, dein lieber Sohn, zu ihm zu kommen und an seinem Beispiel innere Ruhe zu finden, denn er ist sanft und demütig von Herzen.

8.3 Umsetzung als Gebet

Lass uns darauf schauen, wie alle Kreaturen die Ordnung der Schöpfung verstehen und ihren Dienst tun, indem sie dich schweigend loben. Als Jesus, dein Sohn, geboren wurde, haben die himmlischen Heerscharen den Hirten auf dem Felde kundgetan, was unter der Aussage »wie im

Himmel, so auf Erden« zu verstehen ist. Denn das Lied der Engel lautete: »Alle Ehre soll Gott im Himmel zukommen und ebenso Friede den Menschen auf Erden, die Gott erwählt hat.« Und bei Jesu Einzug in Jerusalem haben ihn die Menschen, die bereit waren, begrüßt mit dem Ruf: »Gelobt sei der König, der kommt im Namen des Herrn. Von Gott im Himmel kommt das Heil, sein ist alle Ehre in der Höhe. Der Messiaskönig auf Erden ist das Heil in Person, das von Gott im Himmel her kommt.«

Jeder Kirchenbau und die Liturgie der Kirche ist der Versuch, etwas von dieser Versöhnung von Himmel und Erde abzubilden.

9 Gott gibt uns Brot

9.1 Grundlegende Informationen

Nur kurz, in einem einzigen kurzen Satz geht es um materielle Nöte: Brot für morgen gib uns heute. Die Bitte um das Brot für den morgigen Tag erklärt sich daraus, dass das Korn nachts gemahlen, das Mehl dann geknetet, angesetzt und gebacken werden musste. Leider ist das Verständnis der Brotbitte des Vaterunsers durch ein altes philologisches Problem belastet: Das zu »Brot« gehörige Adjektiv ist ein nur ein Mal belegtes griechisches Wort, von dem man nur ahnen kann, was es bedeutet. Der Einfachheit halber hält man sich daher zumeist an die lukanische Fassung, die hier insofern abweicht, als es dort darum geht, dass Gott uns Tag für Tag Brot geben soll – das kann nur das tägliche Brot sein.

Das fragliche Adjektiv zu »Brot« heißt bei Matthäus wie bei Lukas griechisch *epiusios*. Strittig ist hier, ob das Wort »notwendig« (also: das notwendige Brot) bedeutet oder ob es eher im Sinne von »für den kommenden Tag« (also: das Brot für morgen) zu verstehen ist. Ich würde unbedingt für das Letztere plädieren. – Zur Begründung: Das gr. *epiousios* kann sprachlich nur von *epienai* (»herankommen«) abgeleitet werden, nicht von *epi-ousa* oder *epiousia* (»[existenz-]notwendig«), denn in diesem Fall hätte das »I« wegfallen müssen; nur bei epienai gehört das »I« zum Stamm und nicht zur Vorsilbe und kann demzufolge nicht wegfallen. So will es auch Hieronymus im apokryphen Nazaräer-Evangelium gelesen haben. »*He epiousa hemera*« ist somit als »der morgige Tag« zu deuten. Kommentiert wird unser Übersetzungsvorschlag durch zwei weitere Jesus-Agrapha (einzelne Jesusworte außerhalb der Evangelien): »Sei nicht besorgt um die Dinge, die für den morgigen Tag zum Lebensunterhalt notwendig sind. Denn wenn der morgige Tag innerhalb der Grenzen eures Lebens besteht, dann kommen eure Nahrungsmittel gemeinsam mit den Grenzen eures Lebens ohne Zweifel« (Agraphon 260 Berger/Nord). »Bewahrt keine Speise für den morgigen Tag, denn der morgige Tag wird kommen und mit ihm die Speise, die euch zum Leben notwendig ist« (Agraphon 306 Berger/Nord).

Gott wird demnach im Vaterunser in der Rolle des antiken Kornverteilers (gr.: *sitometres*) gesehen (vgl. Prov

30,8). Diesbezüglich finden sich des Öfteren Parallelen zu jüdischen Gebeten: Im Fragmenten-Targum zu Gen 21,33 heißt es: »Und unser Vater Abraham erzählte ihnen von dem, der sprach, und die Welt entstand durch sein Wort: Betet zu eurem Vater im Himmel, von dessen Freigiebigkeit ihr gegessen und getrunken habt.« Die Einleitung erinnert an das Vaterunser, der Hinweis auf die Schöpfung an das Qaddisch-Gebet (s. u.). In der Tat besteht eine besonders anschauliche, vitale Beziehung zwischen Vater-Anrede und Brotbitte.

Auffallend ist, dass sich alle übrigen Bitten des Vaterunsers auf Gottes eigene Sorgen beziehen. Demgegenüber wird die Bitte um Linderung der irdischen Nöte eher vernachlässigt, da Gott ja um die Bedürfnisse des Menschen weiß (6,32). Somit hat die Brotbitte vielmehr die Funktion eines Bekenntnisses (wie Joh 11,42).

Selbstverständlich gibt es auch eine Beziehung zwischen der Vater-Anrede am Beginn dieses Gebetes und der Brotbitte: die Fürsorge (Providenz) des Vaters. Schon früh hat sich in der Kirche eine eucharistische Deutung der Brotbitte herausgebildet, wie wir anhand der Lukas-Fassung der zweiten Bitte feststellen konnten. Diese Deutung finden wir auch bei der hl. Teresa: »Wir wollen den ewigen Vater um die Gnade anflehen, dass wir unser himmlisches Brot zu empfangen würdig seien.« Dabei meint das himmlische Brot wohl nicht nur die eucharistische Speise, sondern auch die Speise der Seligen für die Ewigkeit. – Zudem weisen die eucharistischen Texte darauf hin, dass bei der Broterstellung aus den vielen

Körnern ein Brotlaib wird. Das ist ein schönes Zeichen für die vielen Menschen in dem einen Leib Christi.

Es kann jedoch als gesichert gelten, dass die buchstäbliche Deutung der Brotbitte die ursprüngliche ist. Wie in Lk 11,11 steht diesbezüglich das »Brot« für das Ganze des täglichen Bedarfs an fester Nahrung.

Aufgrund ihrer Kürze steht die Brotbitte letztlich auch in Beziehung zu Mt 6,7f. – denn die »Heiden« machen deshalb viele Worte, weil sie ihre zahlreichen Bitten an viele Götter richten müssen. Augustinus macht sich in seinem *Gottesstaat* lustig über die unterschiedlichsten Götzen, die man als Heide für die verschiedenen Körperfunktionen und Nahrungsmittel meint anrufen zu müssen. Schon aus diesem Grunde geht es nicht an, Mt 6,7 mit einigen Reformatoren auf das Stundengebet der Kirche zu beziehen und mit Hilfe dieses Verses dagegen zu polemisieren.

9.2 Über die Hochschätzung irdischer Güter und menschlicher Wünsche bei Jesus

Die Brotbitte des Vaterunsers weckt bei vielen die Frage: Ist es legitim, den großen Gott um die Stillung menschlicher Bedürfnisse und Wünsche zu bitten? Darf man im Sinne Jesu überhaupt um Irdisches oder Güter für sich selbst bitten? Eine Betrachtung von Lk 16,10–12 führt uns weiter: »Wer im Kleinsten treu ist, der ist auch im Großen treu; und wer im Kleinsten ungerecht ist, der ist auch im Großen ungerecht. Wenn ihr nun mit dem ungerechten Mammon nicht treu wart, wer wird euch dann das wahre Gut anvertrauen? Und wenn ihr mit dem fremden Gut nicht treu wart, wer wird euch dann das euere geben?«

Jesus appelliert hier an den Ehrgeiz des Menschen, im Beruf aufzusteigen, und bezieht sich dabei auf den Bewährungsaufstieg. Nichts anderes meint die Aussage: Wer sich im Kleinen bewährt hat, der bewährt sich auch im Großen, dem wird man daher auch Großes anvertrauen. Das heißt doch: Wer seine Abteilung gut geführt hat, der kann auch Filialleiter werden.

Auch das ist nur ein Bild – aber ein Bild für was? Was bedeutet: hier die Abteilung gut führen? Und was heißt: Filialleiter werden? Mit Ersterem meint Jesus, dass wir hier mit dem Gut, das Gott uns anvertraut hat und das somit fremdes Gut ist und bleibt, umsichtig und vernünftig umgehen sollen. – Dies weist Ähnlichkeiten zu dem Gleichnis von den anvertrauten Talenten bzw. Geldbeträgen auf: Der Herr verteilt vor der Abreise seinen Sklaven unterschiedlich hohe Summen. In der Zwischenzeit kommt es für die Sklaven darauf an, aus dem anvertrauten Geld das Beste zu machen, es sinnvoll anzulegen oder einzusetzen. Die anvertrauten Talente sind dabei einerseits als Geld, andererseits aber auch als die verschiedenen Begabungen zu verstehen, die uns mitgegeben wurden. Des Weiteren bedeutet die Forderung, das Geld sinnvoll einzusetzen, damit Gemeinschaft und Freundschaft aufzubauen – denn man braucht die Freunde als Fürsprecher im Himmel. Jesus sagt dies ausdrücklich: Macht euch

Freunde mit dem Mammon, damit diese Freunde euch in den Himmel aufnehmen, wenn es mit euch hier zu Ende geht. Wesentlich auch mit dem Geld, das wir haben, können und sollen wir Kirche bauen.

Die zweite Hälfte des Satzes ist sehr viel schwieriger zu verstehen. »Du bist über weniges getreu gewesen, ich will dich über vieles setzen«, sagt Jesus an anderer Stelle (Mt 25,21.23; Lk 19,17). Aber auch hier geht es bereits um künftigen Besitz: Es zählt nicht mehr das Fremde wie hier auf Erden, sondern das, was uns selbst einmal gehören wird.

Sowohl das Besitzen als auch das Befehligen und Leiten nimmt Jesus hier in seine Verheißung auf. Das erstaunt uns und lässt uns ein wenig ratlos zurück. Haben wir nicht immer gedacht, dass Besitz- und Herrschaftstrieb im Christentum abgeschafft sind? Wie kann die Verheißung darin bestehen, dass wir »über vieles gesetzt« werden? Auch den Zwölf Aposteln wird ja sogar verheißen, dass sie auf zwölf Thronen sitzen werden, um die zwölf Stämme Israels zu richten – also um zu regieren und zu urteilen. So sieht Paulus es als Auszeichnung für die Christen an, dass sie über Engel richten werden und ihnen somit Macht und Regentschaft zugesichert wird.

Richtet sich Jesus an Leute, die gerne bestimmen? Jede Art von Herrschaft, Autorität ausüben oder Besitzen ist nach unserem Verständnis von Menschlichkeit moralisch verwerflich. So haben wir es in den letzten 50 Jahren gelernt. Schon das Wort »Führungsqualitäten« gilt als moralisch anrüchig, weil es nach »Führer« klingt. Aber im Rücken dieser allgemeinen »korrekten« Haltung entstand dadurch immer wieder eine riesengroße Heuchelei. Gewiss: Jesus will weder Raffgierige noch Tyrannen. Aber der Wunsch nach Besitz an sich ist für ihn ebenso wenig verwerflich wie Führungsqualitäten. Und deshalb gehört auch der rechte – nicht der mafiöse – Umgang mit Geld für Jesus zur Kirche dazu. Wer ständig von Besitzfreiheit und Machtfreiheit schwärmt, blendet wichtige und notwendige Bereiche der Realität aus. Ich sehe hier in den Worten der üblichen Predigten viel gewollte Blindheit, viel Heuchelei und Unfähigkeit, der Wirklichkeit ins Auge zu blicken. Besitzen ist nicht schlecht, und Befehlen ist auch nicht schlecht. Wann werden wir endlich ehrlicher? Das hätte auch gravierende politische Folgen für die sogenannte Wahlkampf-Rhetorik. In Slogans wie »Keine Macht für niemand« bemerken wir beispielsweise immer wieder, dass Schwärmer etwas für genuin christlich ausgeben, was dem Realismus Jesu nicht standhalten kann. Und so kam es dann zu einer freudlosen Gestalt des Christentums, das den Verzicht über alles setzte. Freiheit von der Sünde bedeutet auch die Freiheit von Heuchelei und Unehrlichkeit.

9.3 Umsetzung als Gebet

Herr, unser Gott, wir müssen dich um das tägliche Brot bitten, von dem wir leben. Denn dass wir uns auf Dauer von den Früchten der Erde werden ernähren können, ist alles andere als sicher. Wir sind abhängig von Saatgut,

Wetter und Wind. In Wahrheit sind wir total abhängig von anderen Menschen, von der Erde und davon, dass du den Vorgang der Nahrungszubereitung segnest. Leider werden wir auf diesen Vorgang immer erst aufmerksam, wenn es zu spät ist, weil empfindliche Löcher auftreten. So versäumen wir immer wieder die Dankbarkeit und den wortwörtlichen Dank, der das Gespräch mit dir nie enden ließe.

Unsere Abhängigkeit geht aber noch sehr viel weiter, sie betrifft unsere irdische Existenz im Ganzen, aber auch das, was nach dem Tod aus uns wird – Denn mit dieser Bitte, Herr, nehmen wir unsere Existenz vor dir überhaupt in den Blick. Und wenn aus dem Brot in der Wandlung Christi Leib wird, dann geschieht das absolut Staunenswerte, dass du dir nicht zu schade bist, ein schlichtes Stück Brot zu werden. Eben nicht Sahnekuchen, sondern Brot. So ist das Anspruchslose das schlechthin Notwendige, und das gilt vom Brot wie von der Einfachheit Gottes.

Wie passt das Gebet um das Brot für morgen in das Leben Jesu, besonders zu seinem Lebensstil? Folgende Indizien scheinen sich regelrecht zu »beißen«:

a) Jesus fordert immer wieder zur Sorglosigkeit auf: Weder um Nahrung noch um Kleidung noch um die Gesundheit (Sterben) sollen sich die Jüngerinnen und Jünger kümmern. Wenn das stimmt, braucht man Gott doch nicht täglich darum zu bitten; dann kennt er die alltäglichen Sorgen. Dann sollen sich die Jünger nicht mit solch irdischen Dingen beschäftigen, sondern ausschließlich nach dem

Reich Gottes und dem Gerechtsein streben, das dieses
Reich von ihnen fordert, indem sie Gottes Wille erfüllen.
Wir setzen hier gegen die Vaterunserbitte in Mt 6 den
gesamten Kontext von Mt 6,27–34 (»Nicht Sorgen«).

b) Jesus wird der »Schlemmer und Trinker« genannt
(Mt 11,19; Lk 7,34), und er widerspricht dem nicht. Mahl-
zeiten waren die gewöhnliche Form der Verkündigung
Jesu. Wenn auch nur die Hälfte dieser Nachricht stimmt,
dann fragt man sich, wie Jesus zu diesen üppigen Ressour-
cen gekommen ist. Gewiss – er hatte reiche Frauen in der
Schar seiner Jüngerinnen. Aber er war – zumeist wenigstens – als Wanderprediger unterwegs. Entweder wurde er
eingeladen (darüber gibt es einige Berichte) oder er gab
Anweisungen zum Einkaufen bzw. Vorbereiten des Mahls
(wie beim letzten Mahl nach Mk 11 parr). Das alles passt
nicht zu einem Jesus, der um das schlichte Brot für morgen bittet.

c) Jesus hat des Öfteren Massenspeisungen veranstaltet
(mindestens ein- bis zweimal). In welchem Verhältnis
stehen diese zur Brotbitte? Hat die Brotbitte, für die es
ja eine Analogie im Judentum nicht zu geben scheint, in
diesen Speisungen gar ihren Ursprung? Sind die Massen-
speisungen für Auftreten und Verkündigung Jesu vielleicht sehr viel wichtiger als wir gemeinhin annehmen?
Joh 6 zeigt, dass man aufgrund dieser Speisungen leicht
geneigt war, Jesus als Volksheld bzw. als König anzuer-
kennen. Liegt also hierin der entscheidende Grund für

einen Messiasbegriff, der nach dem Vorbild Mose gestaltet ist? Ist Jesus deswegen der Prophet wie Mose, den Gott senden würde? Was aber wird dann mit der Brotbitte?

Zu a) Die Vaterunserbitte ist eine Art und Weise, seine Sorgen »auf Gott zu werfen«. Man darf doch auch bitten, wenn man der Erhörung gewiss ist. Dann ist die Bitte die Anerkennung der Vater-Rolle Gottes in alltäglicher Konkretion. Die Sorglosigkeit, zu der Jesus auffordert, ist nicht die Aufforderung zum Dahinleben im Sinne der Taugenichtse des 19. Jahrhunderts, sondern sie ist Sorglosigkeit angesichts Gottes. Das genau kommt im Vaterunser zum Ausdruck.

Zu b) Jesu Gebet war an vielen Tagen sicher nicht auf ihn als glückliche Ausnahme bezogen. Das Vaterunser ist vielmehr gedacht für die üblichen Jüngerinnen und Jünger in den »Ortsgemeinden« – und das waren nicht die Reichen. Wenn man für die frühen Gemeinden davon ausgeht, dass sie die soziologische Zusammensetzung der allgemeinen Gesellschaft einigermaßen widerspiegeln, dann gab es eben nur wenige Reiche und viele Arme (wenn auch nicht im Bettlerstatus). – Angesichts der Instabilität der Ernten, ihrer Gefährdung nicht zuletzt durch die Bedürfnisse von römischen Truppen und durch grassierende Hungersnöte ist die Brotbitte des Vaterunsers für die Mehrzahl der damaligen Menschen als durchaus sinnvolle Bitte anzusehen.

Zu c) Es ist gut möglich, dass die wunderbaren Massen-speisungen eine wichtige Rolle für den Glauben an Jesu Messianität spielten. Immerhin ist in allen vier Evan-gelien davon die Rede – insgesamt in 7 Texten. Auch die Apokryphen wie die Epistula Apostolorum nennen dieses Phänomen (die zumeist im Zusammenhang damit berichteten Bootswunder stellen dann jeweils die Gott-heit Jesu sicher). Wenn den Speisungen diese zentrale Rolle zukam, dann bedeuteten sie theologisch zumindest eine Umsetzung der Vaterunserbitte – wenn nicht mehr: In Bezug auf das Reich verweisen sie zudem darauf, dass das Reich Gottes dann gekommen sein wird, wenn es keine Hungersnot mehr gibt. Insofern steht die Vater-unserbitte für das Ganze unserer Hinfälligkeit und Bedürftigkeit. Deshalb ist es sinnvoll, dass nach der Bitte um das Kommen des Reiches auch diese Seite der christ-lichen Hoffnung genannt wird.

10 Wann Gott unsere Schuld vergeben kann

10.1 Grundlegende Informationen

Zuerst ist im Vaterunser von positiven Aspekten die Rede: vom Vater, vom Himmel, vom Lob seines Namens, von seinem Reich und Willen, davon, dass er uns zu essen geben will und kann. Doch dann sind wir stark genug, um das zu nennen, was uns belastet: meine eigene Schuld, die Schuld meines Nächsten, die Versuchung und unsere

Schwäche, der Teufel. Sünde und Anfechtung, Gefährdung und Angst dürfen seine Kinder vor Gott, dem himmlischen Vater, beim Namen nennen.

10.2 Was Sünde und Schuld heute bedeuten

Mein alter Lehrer, der im 103. Lebensjahr steht, schrieb mir kürzlich, alles sei so vergänglich, nur die Gewissheit bleibe, dass der Mensch allzumal Sünder ist. Und in einer großen Tageszeitung vermerkte ein bekannter Journalist, den Glauben hätten wir Deutschen zwar verloren, aber die Sünde sei uns geblieben (Verkehrssünder, Strafpunkte in Flensburg, Umwelt- und Bausünden). Fazit: Von Sündenvergebung haben wir schon lange nichts mehr gehört. Aller Streit der Reformation um dieses Thema ist heute unverständlich, und das Sakrament der Beichte stirbt aus (oder hat sich für eine Weile schlafen gelegt), von Wallfahrtsorten abgesehen. Man könnte eine ganze Geschichte des Christentums schreiben unter der Fragestellung, wie die Christen mit dem Phänomen der Sünde der Getauften umgegangen sind. Denn eigentlich sollten oder müssten Christen nach der Taufe nicht mehr sündigen, und es hat wohl eine Zeit gedauert, bis man sich darauf eingestellt hatte, dass es dennoch geschieht.

Im Gegensatz dazu ist die öffentliche Diskussion reichlich angefüllt mit der Rede von Überschuldung, also gigantischen Schuldensummen, von Schuldenerlass, Umschuldung und Schuldentilgung. Nicht selten erscheinen ein radikaler Schuldenschnitt oder eine vollständige Aufhebung der Schulden als beste Lösung dafür, dass eine Volkswirtschaft wieder auf die Beine kommt. Wahr ist allerdings auch, dass im konkreten Handeln der Mächtigen die Frage nach der Zukunft der Schulden oft verdrängt wird.

Oft wird eine radikale Schuldentilgung damit gerechtfertigt, dass nur auf diesem Wege ein Weiterexistieren des Schuldners möglich sei. Das gilt auch von Gott. Seine Gebote haben wir missachtet und gegenüber dem Himmel und dem Nächsten einen Berg von Schuld aufgehäuft.

Bei einer nicht-religiösen Betrachtung von Schuld fixieren wir uns üblicherweise auf die Schuld, sodass wir ohne große Hoffnung beinahe zwanghaft darauf starren. Vor allem tritt im Augenblick der Langzeiteffekt hervor: Jeder Einzelne belastet durch die Schulden, die er kaum wird tilgen können, sein Erbe, und wir alle zusammen müssen die Abbezahlung dessen, was wir zu viel ausgegeben haben, um üppig und sorglos zu leben, den kommenden Generationen überlassen. Die liturgische Formel *per omnia saecula saeculorum* wird somit vor dem Hintergrund einer nicht-religiösen Deutung völlig anschaulich: Durch alle Zeiten hin wird das Abtragen der Schuldenlasten unsere Enkel und Urenkel belasten. Es gibt keinen, der unser ganzes »Geschlecht« davon befreien könnte. Dadurch wird Schuld zu einer sehr bedrängenden Wirklichkeit.

Bei der biblischen Rede von Schuld ist das dagegen genau umgekehrt: Der biblische Gott ist nicht nur der Sieger über den Tod, sondern der Verwalter der Amnestie, er ist – als Gott – für die Frage zuständig, ob und wie weit unsere Schuld uns zwangsläufig einholen muss. Denn diese Erfahrung wird nicht nur immer wieder in der Bibel hervorgehoben, sondern scheint sich auch im realen Leben zu bestätigen. Man nennt das den Zusammenhang von Tun und Ergehen. Schuld religiös betrachten oder »vor Gott bringen« bedeutet jedoch: Es gibt die Chance, dass unsere ungesühnte Schuld nicht für immer gen Himmel stinken muss. Der Zusammenhang von Tun und Ergehen kann durch Gott unterbrochen werden. Die Bibel redet nicht deshalb von Schuld, um die Menschen auch in Gedanken an die drückende ewige Last zu fesseln, sondern weil es hier das Wunder der Amnestie gibt, der Aufhebung aller Schuld.

10.3 Zuerst müssen wir Schuld vergeben

Teresa betont: »Wer die Worte schon gesprochen hat (»Dein Wille geschehe«), der muss auch alles schon verziehen oder wenigstens den festen Vorsatz, zu verzeihen, gehabt haben.«

Andererseits jedoch findet sich auch folgender Ruf an Gott (in einer freilich umstrittenen Stelle in der Valladolider Handschrift, welche durch Teresa selbst ausgestrichen wurde): O mein Gott, lass uns doch einsehen, dass wir uns selbst nicht kennen und mit leeren Händen zu dir kommen! Verzeihe uns um deiner Barmherzigkeit willen.«

Später heißt es dann: »›wie wir vergeben‹ bezeichnet etwas, was bereits geschehen ist ... Wenn eine Seele im

Gebete wirklich von Gott die Gnaden empfängt ..., so wird sie danach fest entschlossen sein, jedes auch noch so schwere ihr widerfahrene Unrecht zu verzeihen ... Ich kann nicht glauben, dass eine Seele, die der Barmherzigkeit Gottes so nahe kommt und da erkennt, was sie ist und wie viel ihr der Herr schon verziehen hat, ihren Beleidigern nicht ganz leicht verzeihe und nicht in Liebe ihnen zugetan bleibe.«

Laut Sirach 27,30–28,5 war den Juden zur Zeit Jesu bekannt, dass man vor jedem Gebet um Versöhnung erst selbst vergeben musste: »Vergib deinem Nächsten das Unrecht, dann werden dir auf dein Gebet hin auch deine Sünden erlassen. Einer hält gegen den anderen am Zorn fest, und doch will er beim Herrn Heilung suchen? Mit seinesgleichen hat er kein Erbarmen, und bittet doch wegen seiner eigenen Sünden? Er selbst ist nur Fleisch und hält am Groll fest, wer wird da seine Sünden vergeben?« Jesus selbst bindet die Erhörung der Gebete an die Versöhnung der Christen untereinander. Deshalb sagt er in Mk 11,25: »Und wenn ihr beten wollt, so vergebt, wenn ihr etwas gegen jemand habt, damit auch euer Vater im Himmel euch eure Verfehlungen vergibt.«

In der Matthäus-Fassung des Vaterunsers folgt auf das Vaterunser nach der Erlösungsbitte noch ein Kommentar Jesu, der sich auf genau diesen Sachverhalt bezieht: »Wenn ihr nämlich den Menschen ihre Verfehlungen vergebt, wird euer himmlischer Vater auch euch vergeben. Wenn ihr aber den Menschen nicht vergebt, dann wird euer Vater auch euere Verfehlungen nicht vergeben« (Mt

6,14f.). Ähnlich denkt Paulus in 1 Tim 2,8: »Ich will also, dass die Männer beim Gebet ihre Hände in Reinheit erheben, frei sind von Zorn und Zweifel.«

1 Petr 3,7 droht den Männern, all ihr Beten sei umsonst, wenn sie ihre Frauen nicht angemessen ehren. Auch in der syrischen Apostellehre mahnen die Apostel ganz in diesem Sinne: »Verzeih dem Bruder und wenn du es um des Bruders willen nicht tun magst, so tue es wenigstens um deiner selbst willen, damit du erhört wirst, wenn du betest und ein angenehmes Opfer dem Herrn darbringst.« Der Leser wird sich erinnern: Schon in der Bergpredigt hält Jesus die Jünger dazu an, sich mit dem Bruder zu versöhnen, bevor einer zum Altar geht (vgl. Mt 5,23f.). – Für Gebet und Opfer gelten daher dieselben Vorbedingungen. Das heißt: Gott kann mit einem Menschen nur dann etwas anfangen, wenn dieser zuvor mit seinem Nächsten eins geworden ist. Denn in allen diesen Texten geht es um dasselbe Denken: Wo Menschen das einfache Einssein mit anderen Menschen nicht fertig bringen, können sie keinen Frieden, kein Einssein mit Gott erwarten, da der Abstand zwischen Gott und Mensch ja noch viel größer ist als der zwischen Mensch und Mensch. Jemand, der von Gott Vergebung erwartet, muss demzufolge zuvor ein kleines Vorbild für das erwartete Handeln Gottes liefern. Nur auf diese Vorleistung von Vergebung und Einssein hin kann Gott reagieren.

Wenn wir somit im Vaterunser sagen: Vergib, wie auch wir vergeben haben, so liegt dem eine Art Selbstempfehlung zugrunde. Wenn wir auf diese Weise Gott (im Vorhinein) auch nur andeutungsweise ähnlich werden, fühlt Gott sich durch dieses Beispiel menschlichen Miteinanders im positiven Sinne des Wortes »gereizt« und zu entsprechendem Handeln herausgefordert. – Jesus überrascht hier seine Jünger, weil im Unterschied zu seinen sonstigen Aussagen (wie z. B. Mt 5,47f.) und anders als erwartbar nicht Gott mit seinem Handeln das Vorbild der Menschen ist, sondern wir Menschen in bestimmter und begrenzter Hinsicht ein Vorbild für Gott sein sollen. Denn Gott kann und wird das Tun dieser Menschen überbieten.

Wenn aber jemandem dieses Einssein mit seinem Bruder oder seiner Schwester gelingt, dann gilt ihm die Verheißung paradiesischer, schöpferischer Macht. Dieses hat große Bedeutung für das Verständnis der Eucharistie, denn sie ist das Sakrament der Einheit – und da diese Einheit als Einheit der Kirche z. B. durch die apostolische Sukzession über die Völker und die Jahrhunderte hin gegeben ist, haben die Worte des Priesters auch konsekratorische, schöpferische Kraft.

Vor diesem Hintergrund wird deutlich: Gott bindet seine Amnestie an unser vorgängiges Friedenschließen unter Menschen. Denn Gott ist kein Amnestie-Automat. Wahrscheinlich ist der Sinn dieser strengen Regel, dass wir selbst spüren, wie schwer schon Vergebung unter Menschen ist. In der Tat: Vergebung ist das Schwerste überhaupt. Wenn wir das ahnen, dann können wir dankbar sein. So bin ich davon überzeugt, dass diese strenge Regel über die Vorleistung seitens der Menschen aufgestellt wurde, damit wir umso dankbarer sei können, wenn Gott uns verziehen hat. Nur so wird daraus kein Automatismus.

10.4 Theologischer Hintergrund

Schuld ist das, was bei dem Täter nach der Tatsünde im Sinne einer Blockade bestehen bleibt. Die Schuld ist einer Last oder Belastung vergleichbar, die der Täter nun tragen muss. Sie verjährt nicht, und wenn die Sünde gegenüber einem anderen getan wurde, dann gibt es auch für den Täter keine Selbstbefreiung von Schuld.

Sünde besteht stets darin, dass jemand empfangene Lebensgüter nicht weitergibt. Jedenfalls, dass er die gute Gabe bei sich versickern lässt, als gehöre sie für immer nur ihm allein und als könnten die anderen daran keinen Anteil haben.

Im Vaterunser ist die Erfüllung der Brotbitte durch Gott möglicherweise vorausgesetzt: Wer das, was er von Gott empfangen hat – und er hat alles empfangen –, grundsätzlich geizig für sich behält und weder in Gedanken noch in der Tat beachtet, dass andere daran teilhaben sollen, der »sündigt«. Vor diesem Hintergrund kann man es als Sünde betrachten, wenn gesunde junge Paare sich bewusst gegen Kinder entscheiden. Denn sie selbst haben das Leben nicht dazu empfangen, es für sich zu behalten. Strukturell ist dies mit dem Entstehen jeder Schuld identisch.

Am Gleichnis vom unbarmherzigen Sklaven in Mt 18 lässt sich gut erkennen, dass diese »Spielregel« auch bei der Sündenvergebung gilt: Der Sklave, dem die Schuld vergeben worden ist, muss diese Vergebung weitergeben, indem er auch seinerseits Schuld erlässt. Wenn er das nicht tut, war alles umsonst, es ist sogar schlimmer als vorher. Dieser Regelkreis von Mt 18 gilt auch – mutatis mutandis – für das Vaterunser: »Vergib ... weil auch wir vergeben haben.« Grundsätzlich entspricht nämlich das Empfangen von Vergebung der eigenen Bereitschaft, Vergebung zu gewähren.

Es wurde bereits dargestellt, dass im Kontext des Matthäusevangeliums die Vergebung wohl schon beim Eintritt in die Gemeinde vorausgesetzt ist; dies wiederum ist mit dem Abendmahl verknüpft, das im Zusammenhang der Taufe gespendet wird. Diese Sicht ergibt sich, wenn man die Puzzleteile zum Thema Sündenvergebung in ein kohärentes Bild zu bringen versucht. Es ist jedoch nicht wahrscheinlich, dass schon Jesus bei der Formulierung des Vaterunsers daran gedacht hat. Vielmehr ist die Logik dieses Gebetes folgende: Wenn und weil der Jünger vergibt, wird auch Gott dazu bereit sein. Von einer Vorleistung Gottes ist im Gebet selbst nicht die Rede.

Dennoch muss der Jünger nicht »im luftleeren Raum« mit der Vergebung beginnen. Im Zusammenhang des Vaterunsers – ich habe es schon angedeutet – wird ausgesagt, dass jeder Mensch sein Brot für morgen, seine Existenz, Gott verdankt. Weil er – auf natürlicher Ebene – alles empfangen hat, kann er als Mitmensch – auf derselben natürlichen Ebene – anderen vergeben. Unter dieser Voraussetzung ist Gott imstande, auch ihm zu verzeihen.

Ein jeder kann deshalb dem Nächsten vergeben, weil er existiert und als Lebender reich beschenkt ist. Damit führt er gegen die Sünde des Nächsten die Grundregel des Lebens ins Feld: aus Empfangenem zu geben.

Indem Gott dann dem Vergebenden verzeiht, erneuert er diesen Grundvorgang auf höchster Ebene, also im Verhältnis von Gott und Mensch. Aus seiner Fülle, die hier (auch, besonders) die Fülle seiner Barmherzigkeit ist, schafft er gewissermaßen den Menschen neu. So wurde Sündenvergebung oft gesehen: als Neuschöpfung. Deshalb teilt der Auferstandene, der selbst in der Auferstehung durch den Geist Gottes neu »geschaffen« worden ist, seinen Heiligen Geist den Jüngern mit, auf dass sie Sünden vergeben können.

Die Vorgänge, die sich hier nahelegen, sind also wie folgt zu rekonstruieren:

1. Gott erschafft den Menschen aus der Fülle seiner göttlichen Vitalität. Dadurch kann der Mensch existieren und mit anderen Menschen zusammenleben.

2. Die Basis des Zusammenlebens ist nicht zuletzt die Vergebung, in welcher der Mensch die Bejahung, die er selbst als Geschöpf immer wieder erfährt, an seinen Nächsten weitergibt. Anders gesagt: Weil er sich selbst reich ausgestattet weiß, schenkt er dem Nächsten in der Vergebung Luft zum Atmen und Raum zum Leben – sozusagen Nahrung für seine Seele. Er räumt alles zur Seite, was den Kreisverkehr des Lebens blockieren könnte. Das ist die

Vergebung auf menschlich-geschöpflicher Ebene. Sie setzt Anteilhabe am Reichtum des Schöpfers (Vitalität) voraus.

3. Wenn ein Mensch sich hierzu entschließt, wird Gott der Schöpfer auch selbst animiert und bereit, die Schöpfung als Neuschöpfung in der Sündenvergebung zu wiederholen. – Es ist nicht so, dass der vergebende Mensch gewissermaßen auf magische Weise Gott unter Zugzwang setzte. Was hier geschieht, ist vielmehr Wiederholung auf der Basis der Wechselseitigkeit. Wiederholt wird der Grundvorgang: Leben durch Anteilgabe.

4. Diese Anteilgabe erfolgt quasi-hierarchisch: Als der Höchste gibt Gott das Leben; gegenüber dem Sünder ist derjenige, der verzeihen kann, sozusagen der Übergeordnete; als derjenige, der daraufhin Vergebung schenken kann, ist Gott wiederum der Höhergestellte.

5. Die grundsätzliche Ähnlichkeit zum Schöpfungsvorgang bleibt erhalten. Daher wird die Taufe »neue Geburt« oder »Neu-Entstehung« genannt (griech.: *Palingennesia*). – Mit der Neuschöpfung bei der Sündenvergebung ist es jedoch noch nicht getan. Sie wiederholt sich – mutatis mutandis – nochmals am Ende der Zeiten; auch dies wird als *Palingennesia* (Mt 19,28) bezeichnet. Dabei ist wichtig, dass es kontinuierlich um Gott (Vater) als den Schöpfer geht.

6. Die Aussage, dass der verzeihende Mensch hier Gott die Vergebung »vor-mache«, ist nur zur Hälfte richtig: Denn das Grundprinzip der geschenkweisen Anteilgabe von »oben nach unten« ist dem Menschen schon als Geschöpf zuteilgeworden und wird ihm in Gestalt des täglichen Brotes jeden Tag gewährt.

7. Genau das Weitergeben des Empfangenen, das bei der Sünde nicht geschah und blockiert wurde, wird in der Vergebung gegenüber dem Nächsten und der dann empfangenen Vergebung durch Gott wieder in Kraft gesetzt und eingeübt. Insofern ist jegliche Vergebung strukturell genau das Gegenteil von Sünde. Denn der vergebende Mensch/ der vergebende Gott schenkt erneut das, was der Mensch empfängt und weitergeben kann. In der Sündenvergebung wird durch einen Menschen dieser Zusammenhang wieder in seiner Gültigkeit bestätigt und bekräftigt. – In der Sündenvergebung wird demnach genau das wiederhergestellt, was durch die Sünde beschädigt worden war.

Man kann die Frage stellen, was denn durch den Sühnetod Jesu am Kreuz zu dieser Vergebung hinzugekommen ist. Zum einen lässt sich festhalten, dass in der Verkündigung Jesu die Vergebungsbereitschaft Gottes aufs Neue erklärt wird. Zum anderen wird durch das sichtbare Leiden und Blutvergießen des Gerechten, also durch das Instrumentarium der Stellvertretung, die Botschaft Jesu als Gottes Handeln vergewissert. Durch das sichtbare, blutige Geschehen wird somit das Evangelium der Sündenvergebung auf eine neue Stufe der Gewissheit gehoben.

10.5 Eine andere Lösung

Der spanische Theologe Beatus von Liebana (ca. 730–800 n. Chr.) sagt in seinem berühmten und weit verbreiteten Kommentar zur Apokalypse des Johannes (ed. H. A. Sanders, II, 238, § 49): Die Vaterunserbitte bezieht sich auf die Sünden der Gerechten. Diese können durch tägliches Gebet vergeben werden (ohne Taufe oder Beichte, schlicht durch das Vaterunser). Die Sünden der Ungerechten nämlich kommen aus der Absicht eines grundverkehrten Willens, die Sünden der Heiligen dagegen entstehen notwendigerweise, weil die Menschen schwach sind, sie werden aber durch Gottes Gnade überwunden. Denn Gott urteilt barmherzig über seine Kinder, und er straft sie auch so, dass sie von der Verurteilung zu ewiger Strafe erlöst werden (Verweis auf 1 Kor 11,31: nicht mit der Welt zusammen verurteilt). Die Sünden der Gerechten sollte man daher *peccata* nennen, die der Ungerechten *crimina*.

10.6 Ein Stück neutestamentlicher Systematik

Die Systematik von Schöpfung, Sünde und Vergebung hat somit folgende Gestalt:

Grundsätzlich und auf jeder Stufe geht es um Leben durch Anteilgabe:

1. Der Schöpfer lässt leben, gewährt Lebensraum.

2. Die unter dieser Voraussetzung geschaffenen Menschen sind dazu aufgerufen, das so empfangene Leben weiterzugeben. Damit könnten sie anderen Lebensraum schenken.

3. Tun sie es aber nicht, blockieren sie die Weitergabe und lenken alles nur auf sich selbst zum Selbstverbrauch. Das ist Sünde als *incurvatio in se ipsum* (Augustinus).

4. Wenn die stehen gebliebene Schöpfung wieder in Gang kommen soll, dann muss dies an der Stelle beginnen, wo sie ins Stocken geraten ist. Das geschieht dadurch, dass der Mensch seinem Nächsten vergibt. So gewährt er ihm aufs Neue den Lebensraum, die Luft zum Atmen, die er ihm durch die Sünde nahm. Nur auf diese Weise kann der Kreislauf von Empfangen und Geben wieder angefacht werden. – Die lebendige Beziehung zwischen Gott und Kreatur (Gott gewährt Luft zum Leben) wiederholt sich daher (wird nachgeahmt) in der Beziehung zwischen Kreatur und Kreatur (einander erneut Luft zum Leben geben, nicht nehmen).

Das entspricht im Übrigen auch dem alttestamentlichen Begriff von Gerechtigkeit: Einer ermöglicht dem andern, mit ihm zusammenzuleben. Er nimmt ihm nicht die Luft zum Leben, sondern gibt sie ihm, und zwar stets aufs Neue. Das kann er, denn er ist inzwischen »erwachsen« geworden.

5. Gott erneuert daraufhin, weil die Blockade beseitigt ist, den Grundvorgang der Schöpfung. Er hebt die Blockade

nun auch seinerseits dadurch auf, dass er den Menschen durch seine Vergebung neu erschafft. Sündenvergebung ist demzufolge Neuschöpfung. Das kann der Mensch nicht aus eigener Kraft bewerkstelligen, dazu ist nur Gott in der Lage. Was in der Verantwortung des Menschen steht, ist, dem Nächsten zu verzeihen.

6. Die Vergebung von Mensch zu Mensch schließt die Lücke im Kreis, durch welche die Sünde hat eindringen können. Es ist, wie wenn Menschen im Kreis stehen (Wagenburg): Durch den Spalt/die Spaltung an auch nur einer Stelle kann das Böse/der Böse eindringen. Daher ist nach Auffassung der Alten Kirche der einstimmige Gesang das beste Mittel, um das Eindringen des Bösen abzuwehren. Und die Vergebung ist das Mittel, diese Lücke, diesen Spalt zu schließen.

Das Böse ist also immer Spaltung und Nicht-Vergeben. Diese Lücke zu schließen, ist dem Menschen zugedacht und stellt seine eigenste Aufgabe dar. – Es ist die Botschaft speziell des Vaterunsers: Wo ihr Menschen euch nicht einig seid (nicht vergebt), sondern Unrecht walten lasst, hindert ihr Gott am Wirken.

7. Wie die erste Schöpfung, so geschieht auch diese zweite durch den Heiligen Geist (vgl. Gen 1,3 mit Joh 20,22f.). Demgemäß heißt die Neuschöpfung in der Umkehr auch »neue Geburt« (gr.: *palingennesia*), vgl. Tit 3,5 (Bad der Wiedergeburt) und Joh 3,3.5.

8. Alles Vergeben kommt immer wieder aus geschenkter Fülle. Gott hat diese von sich aus, dem Menschen wird sie durch das Erschaffensein nach Gottes Bild zuteil.

9. Ich bin deshalb auf das Modell der Weitergabe des Empfangenen gestoßen, weil dieses die Pointe des Gleichnisses vom unbarmherzigen Sklaven nach Mt 18,23–35 darstellt.

10. Das Vaterunser und die darin vorausgesetzte, hier rekonstruierte Theologie ist somit Abwehr und Vermeiden einer individualistischen Lösung im Hinblick auf die Frage von Schuld und Vergebung. – Die individualistische Lösung bestünde darin, dass es nur zwei Mitspieler gibt: mich und meine Schuld auf der einen Seite und Gott als den gnädigen Richter auf der anderen Seite. Das Heil liegt hier dann auch allein in der Gnade der Vergebung. – Ärgerlicherweise aber lehnt Jesus diesen schmalen Weg ab. Sünde und Vergebung ist nicht nur ein Geschehen zwischen Gott und mir, sondern findet grundsätzlich auf zwei Ebenen statt: Sünde und Vergebung ist ein Geschehen zwischen Mensch und Mensch und dann auch zwischen Gott und Mensch. Das ist eine sehr erhebliche, wenn man so will »kirchliche«, Korrektur der Rede von Schuld und Vergebung, die Jesus hier einführt. »Kirchlich« deshalb, weil der erste Akt der Vergebung zwischen Menschen stattfindet. In diesem Lichte wird verständlich, dass Individualismus, d. h. eine individualistische Lösung des Verhältnisses von Schuld und Vergebung, in der Theologiegeschichte

immer mit einer einseitigen radikalen Gnadenlehre einher-
ging. Wenn es nur Gott und mich gibt, dann gibt es kein
relevantes Vorspiel der Vergebung zwischen Mensch und
Mensch, dann entfällt diese erste Stufe. Indem Jesus diese
Grundvoraussetzung so stark betont und sogar sagt »Wenn
nicht ..., dann nicht ...« (Mt 6,14f.), nimmt er einem unbe-
kehrten Individualismus die irrige Chance, mit Gott allein
zurechtkommen zu wollen. Insofern wird hier eine falsch
verstandene Gnadenlehre durch die biblische Vorstellung
von Gerechtigkeit korrigiert (dem Nächsten die Gelegenheit geben, mit einem zusammenzuleben). Die oft gestellte
Frage nach dem sozialpolitischen Ansatz Jesu hat hier ihr
Fundament: Das Verhältnis zu Gott ist an den Frieden mit
dem Nächsten gebunden.

11. Innerhalb des Vaterunsers gilt: Der Wille Gottes, der
getan werden soll, ist nichts anderes als die Vergebung.
Das ist die Beziehung von Mt 6,10b zu 6,12.

11 Was heißt: Nicht in Versuchung führen?

11.1 Praktische Probleme der Auslegung

Bei nahezu jedem Gemeindevortrag wird dem Exegeten
die Frage nach der Übersetzung von Mt 6,13a vorgelegt
»Und führe uns nicht in Versuchung«. Könnte oder wollte
Gott in Versuchung führen? Denn wenn ich jemanden in
Versuchung führe, dann heißt das: Ich will, dass er

schwach wird, weich wird und fällt. So etwas passt nicht zum Bild Gottes in der Verkündigung Jesu. Noch viel weniger scheint diesem Gott zu entsprechen, dass er eigens gebeten werden muss, doch bitte nicht in Versuchung zu führen. Das könnte voraussetzen: Gott führt notorisch in Versuchung, allein oder durch seinen »Angestellten im Außendienst«, den versucherischen Teufel. Und Letzterer sucht natürlich seine Existenzberechtigung dadurch zu erweisen, dass er möglichst oft einen Menschen »zur Strecke bringt«.

Um der Verlegenheit Abhilfe zu schaffen, schlägt man dann vor zu übersetzen: »Und führe uns in der Versuchung«. Das ist aber sicher nicht der Sinn des Verses, denn es geht doch augenscheinlich darum, gar nicht erst in die Versuchung zu geraten. Oder sollte man besser übersetzen: »Und führe uns vorbei an der Versuchung«? Ist sie denn das hauptsächliche Unglück, der Hölle vergleichbar? Möglich wäre auch die Übersetzung: »Und versuche uns nicht!« Aber Gott versucht niemanden, sagt jedenfalls der Jakobusbrief (1,13). Zu Jak 1,12f. gilt nach K. Haacker (a. a. O., 205): »Jesus und Paulus denken … in dieser Frage anders als Jakobus, und wir müssen wohl sagen: sie blicken tiefer. Sie sind sich der dämonischen Möglichkeiten bewusster, die in der Situation der Versuchung enthalten sind.« – Oder sollte es heißen: »Und lass uns nicht versucht werden«? Aber könnte man das Gemeinte so einfach ausdrücken, dann bräuchte man nicht die vergleichsweise umständliche Konstruktion mit »Hineinführen in die Versuchung«.

Wichtig ist, dass man diese Stelle nicht Wort für Wort, sondern sinngemäß übersetzt. Dann bedeuten diese beiden Sätze: Bitte, lass uns nicht in Versuchung geraten, führe uns auf unserem Weg so, dass wir uns nicht darin verstricken, denn wir sind schwach; befreie uns vielmehr von dem Teufel, der versuchen kann und will. So endet das Vaterunser nach Matthäus mit der Bitte um Befreiung von dem, der dem Reich Gottes entgegensteht. Lukas dagegen beendet seine Version des Vaterunsers mit der Bitte, uns nicht in Versuchung zu führen. Auf diese Weise entsteht im lukanischen Vaterunser ein Gefälle vom Blick auf Gottes Namen und Reich am Anfang (11,2) hin zur menschlichen Schwäche und Erbärmlichkeit: Der Mensch ist auf täglichen Unterhalt durch Nahrung (Brot) angewiesen, er ist Sünder und er wäre ohne Gottes Hilfe in der Versuchung ausgeliefert.

Die matthäische Fassung ist somit am Gegensatz Gottes Reich/Teufel orientiert, die lukanische Fassung am Kontrast zwischen Gottes Herrlichkeit und menschlicher Armseligkeit.

11.2 Was sind Versuchungen?

Warum fürchtet Jesus die Versuchung so sehr? Wenn Jesus nach Lk 22,28f. zu den Jüngern sagt: Ihr habt ausgehalten mit mir in allen meinen Versuchungen, dann sieht er sein ganzes öffentliches Wirken und Leben unter die Überschrift »Versuchungen« gestellt. Waren es immer wieder Versuchungen zum Missbrauch charismatischer Macht oder messianischer Vollmacht? Versuchungen also, die eigene Macht zu eigenen Gunsten zu missbrauchen?

Die Versuchungsberichte in Mk 1; Mt 4 und Lk 3 geben uns einen kleinen Einblick in die Art von Gelüsten, die Jesus Versuchungen nennt. Aus Steinen Brot zu machen, wäre ein Wunder zu eigenen Gunsten, über die Reiche der Welt zu herrschen, wäre eine Befriedigung des Machttriebes, der Sturz nebst Rettung von der Tempelzinne ein Show-Wunder, das viel Anerkennung als Magier brächte. Das heißt: Jesus fürchtet die Versuchung, weil sie integraler Bestandteil seines ständigen Kampfes um eine lautere, uneigennützige Messianität sind. Denn es ist kein Zufall, dass die Aufforderung des Publikums, das um das Kreuz herum steht, bei Mt 27,40 (»Wenn du der Sohn Gottes bist …«) genau so beginnt wie die Versuchungen in Mt 4,3.6 (»Wenn du Gottes Sohn bist …«) – es folgt jeweils die Aufforderung zu einem Schauwunder. Das alles könnte das Missverstehen befördern und die Leidensgeschichte des Gottessohnes verhindern. Doch der Sendungsauftrag an den Gottessohn besteht nicht darin, Schauwunder zur eigenen Bestätigung zu wirken, sondern den Makel der Zugehörigkeit zu Gott zu ertragen.

Es ist daher wie bei der Theodizeefrage: Erweist sich die Zugehörigkeit zu Gott im schnellen Erfolg und in der raschen Erlösung? Oder ist es nicht vielmehr Merkmal der Ähnlichkeit mit Gott, Unrecht aushalten zu können und mit Geduld zu beantworten?

11.3 Der Ort der Versuchungsbitte im Vaterunser

Im Vaterunser steht die Versuchungsbitte zwischen Vergebungs- und Erlösungsbitte. Nachdem der Blick bei der Vergebungsbitte auch auf den Anteil der Menschen an der Vergebung gerichtet war, geht es in der Versuchungsbitte wieder ganz um Gottes Aktivität. Warum wird hier so mit Gott geredet?

Dass Gott regelrecht versucht, wird in Gen 22,1f. ausgesagt: Gott versucht Abraham, d. h. er testet seinen Glauben. In Dtn 13,4 heißt es: Gott versucht euch, um zu erfahren, ob ihr ihn lieb habt. – Andererseits betont Jak 1,13: Gott versucht nicht, d. h. er möchte niemanden zu Fall bringen. Denn er ist nicht heimtückisch, sondern verdient das Vertrauen der Menschen. Trotzdem sollen nach Jak 1,2 die Angeredeten beten, auf dass sie »nicht in Versuchung geraten«.

Der spanische Theologe Beatus von Liebana (ca. 730–800 n. Chr.) sagt in seinem berühmten Kommentar zur Apokalypse des Johannes (ed. H. A. Sanders, II, 234): »(Gott spricht): *Ego te servabo ab hora temptationis ...* denn weil die Angeredeten selbst keinen böswillig versuchen, gilt: *inde Dominus nec parum quidem in temptationem eos tradi permittit. Ista est ecclesia, quem sibi dominus gratuita miseratione sine alicuius doctrina et philosophia eligere facit.*« (»Ich werde dich vor der Stunde der Versuchung bewahren ... Daher erlaubt der Herr nicht einmal ein klein wenig, dass sie in Versuchung geraten. So ist die Kirche, die der Herr aus gnädigem

Erbarmen für sich erwählen lässt ohne Veranlassung durch irgendeines Menschen Lehre oder Philosophie.«)

Grundlegend für das Verständnis der Versuchungs-bitte ist die Unterscheidung zwischen »versuchen« (zu-meist ist der Teufel Subjekt) und »in Versuchung füh-ren«. Dem heutigen deutschen Sprachgebrauch nach ist dies identisch, doch im damaligen Griechisch nicht. Denn in Mk 1,12 heißt es: »Der Geist wirft/führt ihn (sc. Jesus) in die Wüste.« Der Geist ist Gottes Geist, und er führt in die Wüste. Dort aber wirkt der Ver-sucher, das ist der Teufel. Die Vaterunserbitte richtet sich folglich auf die Verhinderung dessen, was nach Mk 1,12 der Geist tut. Versuchen wird Gott selbst sowieso nicht. Gott ist hier in der Tat als der »Hirte« vorgestellt (wie Ps 23), das menschliche Leben als ein Weg, auf dem der Hirte führt – aber bitte nur nicht in Lebensgefahr. Jesus war da stärker, er konnte dieser Versuchung wider-stehen. Alle Rezeptionen des Vaterunsers in den alten Liturgien betonen immer wieder und zu jeder Bitte die Schwäche der Menschen.

Bei der Versuchung haben wir es im Neuen Testa-ment, soweit man erkennen kann, überall mit dem Teufel zu tun. Das gilt von Jesus an (vgl. Mt 4) bis zu den Thessalonichern nach Paulus (vgl. 1 Thess 3,5 »der Ver-sucher«). In Lk 2,28.31 wird dieser Aspekt spätestens durch die Komposition des Evangelisten hergestellt: Jesus lobt die Jünger gewissermaßen dafür, dass sie bisher in den Versuchungen mit ihm ausgeharrt haben (V. 28). Dafür werden die Zwölf auf Thronen an Jesu Tisch im Reich sitzen. Schon im nächsten Satz aber sagt Jesus, an Petrus gewandt, der Teufel habe gefordert, die Jünger wie Weizen sieben zu dürfen. In 22,3 hatte Lukas schon berichtet, dass der Teufel dem Judas, dem einzigen wirklich untreuen Jünger, ins Herz gefahren sei. Fazit: Außer Judas haben alle bisher ausgeharrt. Der Versucher ist aber stets der Teufel.

Der Beter des Vaterunsers sagt demnach: Lass uns gar nicht erst in Versuchung kommen, denn wir würden nur darin untergehen. Die Mentalität dieser Vaterunserbitte entspricht somit jener des Gebetsrufes »parce nobis, domine«, wie er oft in Litaneien zu hören war: Von Blitz und Ungewitter »verschone uns, o Herr«! Von Krieg und Hungersnot, »verschone uns, o Herr«! – Analog hierzu heißt es im Vaterunser: »Von Versuchung und Verführung verschone uns o Herr«. Die Bitte, Gott möge verschonen, ist immer eine Bitte um Vermeidung und Verhinderung. Ähnlich wird schon in den synoptischen Apokalypsen von den Schrecken der Endzeit gesagt, dass es besser wäre, nicht in sie hineinzugeraten. »Wehe den Schwangeren …«, »Wehe den Stillenden …« (beides Mk 13,17); auch das Motiv der Verkürzung der Tage ist von daher zu verstehen (vgl. Mk 13,20). Das Letztgenannte ist sicher ein typischer Weg, wie Gott die Versuchungsbitte erhören könnte.

11.4 Umsetzung als Gebet

Befreie uns von den Angriffen und der Herrschaft des Teufels. Das geschieht am besten, wenn du, wie du es Petrus verheißen hast, unseren Glauben stärkst. Dann können auch wir den Glauben unserer christlichen Geschwister stärken. Deswegen hast du Petrus zum Felsen berufen, auf dass sein Glaube hart und fest, nicht weich und wankelmütig sei (Lk 22,32). Und Petrus ist es wiederum, der uns ermahnt: Brüder und Schwestern, seid nüchtern und wachsam, denn euer Widersacher, der Teufel, geht umher wie ein brüllender Löwe, auf der Suche nach Fressbarem (5,8). Widersteht ihm standhaft im Glauben. Das zum Eingang in 1 Petr 5,6f. genannte Sich-demütig-Beugen unter Gottes Hand und die Sorgen auf ihn zu werfen, beides ist eigentlich nur als Gebet möglich. So finden wir in Lk 22,32 und 1 Petr 5,6–9 denselben Zusammenhang von Gebet, festem Glauben und Abwehr des Teufels.

Wir wissen von dir, Herr, dass du selbst für uns betest. Du, Herr, hast die Macht, den Teufel in seine Schranken zu weisen. Aber außerdem sind wir auch als Menschen nicht allein. Petrus stärkt uns. Wir danken dir, dass das Gebet, insbesondere die Fürbitte, unsere stärkste Waffe ist.

11.5 Versuchungsbitte und der Tod Jesu

Nach Apk 12,10 wird der Teufel besiegt – auch hier ist das Bild des Kampfes vorausgesetzt – durch das Blut des Lammes (und durch das Glaubenszeugnis der Märtyrer). So fragen wir, was das Sühneblut Jesu Christi für den Sieg der Christen über den Teufel bedeutet – und damit nach dem Zusammenhang zwischen der Vaterunserbitte und dem Tod Jesu. Die Verbindung besteht nun darin, dass das Blut Christi uns rein und gerecht macht und uns gleichsam imprägniert gegen die Angriffe des Satans. Blieben wir nämlich schuldige und schmutzige Sünder, dann hätte er guten Anlass, seine Aktivität als unser Ankläger (12,10a) wieder aufzunehmen. Die Verteidigung gegen die Anklage, die Jesus Christus als unser Anwalt vor Gottes Thron leistet, ist daher in der Taufe zu einem unauslöschlichen Siegel geronnen, das uns bleibend anhaftet.

Teresa knüpft ebenfalls an das Bild von Kampf und Feind an und sagt zur Versuchungsbitte: »Glaubt es mir, meine Schwestern, die Soldaten Christi, unter denen ich die kontemplativen Seelen und solche verstehe, die dem innerlichen Gebet ergeben sind, können die Stunde des Kampfes kaum erwarten ... Um Erlösung von diesen Feinden lasst uns auch, meine Töchter, im Vaterunser recht oft zum Herrn flehen!«; weiterhin heißt es: »du wollest nicht zulassen, dass so versteckte Feinde uns in Versuchung führen ...« In deutlichem Kontrast dazu geht es der Messliturgie hier um den »Frieden« (vgl. dazu in Nr. 15).

11.6 Traditions- und Theologiegeschichte der biblischen Versuchung

Die Rede der gesamten Bibel über die Versuchung ist der Schlüssel zu einem abgründigen Kapitel biblischer Gottes-erfahrung. Bis in relativ junge Schriften der Bibel (und darüber hinaus bis ins 19. Jahrhundert n. Chr.) hinein ste-hen die Aussagen über Versucher und Versuchungen unausgeglichen nebeneinander. Diametral entgegengesetzt sind die Angaben darüber, wer versucht:

- Gott selbst (Gen 22,1f.; Dtn 13,4; Ex 20,20 LXX; LAB 18,4; 34,5)
- Engel (Jub 19,3.(8))
- ein böser Geist (Jub 10,8 (Synkellos))
- der heilige Geist führt in die Situation: vor den Ver-suchungen Jesu (nach Mk 1,12f; Mt 4,1)
- Gott soll nicht in die Versuchungen führen (Mt 6,13)
- der Teufel: (Mt 4,1.3; Mk 1,12f., Lk 4,2.13; 1 Kor 7,5; 1 Thess 3,5; Apk 2,10)
- die Schlange (Paradies)
- Gott jedenfalls versucht nicht (Jak 1,13)
- die bösen Begierden des Menschen versuchen ihn selbst (Jak 1,14f.)
- der Mensch selbst versucht sich (b Sanh 107b)
- die Sünder (Hen(äth) 94,5)
- die Ängste (Todesängste) versuchen einen Men-schen (Jesus nach Mk 14,34)
- die Schönheit von anderen Menschen, besonders schöne Frauen (Ps.-Philo, Ant Bibl)

11.7 Phänomenologie der biblischen Versuchung

Die Versuchung betrifft eine Situation, in der Menschen in ihren bisherigen Verhaltensweisen oder Überzeugungen leicht zu Fall kommen. Das kann geschehen aufgrund notorischer Schwäche.

Versuchungen sind ein archaisches Kapitel biblischer Gotteserfahrung. Sie bestehen darin, dass Menschen einem mächtigen, widerständigen Geist begegnen. Dieser Geist wird immer wieder als Feind begriffen, der alles zerstören will, was den Menschen bis dahin ausmachte. Das betrifft besonders jede Art von Treue (die zum Glauben, die zur Ehefrau). Der begegnende Geist will diese Treue, Stabilität, Identität »kippen«. Er »kratzt« gerade an dem, was bislang als gesicherter »Kern« erschien.

Dieser Geist wird dann verschieden identifiziert (siehe die Liste oben). Er zerrt und zaust an den Menschen, er versucht, sie zum Straucheln oder Aufgeben zu bringen. Durchgehend handelt es sich hierbei um einen Geist. Engel und Teufel sind ebenso Geister wie Gott selbst. So erklärt sich, weshalb in Mk 1 der Heilige Geist Jesus zum Ort der Versuchung führt, weshalb Jesus nach Mk 14,38 sagt: »Betet ... der Heilige Geist macht mutig, aber als bloße Menschen (Fleisch) sind wir feige (schwach).« Jesus selbst erfährt daher das Gezerre zwischen Gottes Geist und dem schwächlichen, geistarmen Menschen.

Das ist eine Grundsituation der biblischen Gotteserfahrungen, sozusagen deren Nachtseite. So wird erklärbar, warum auch Gott selbst als Versucher gedeutet werden kann (Abraham).

Archaisch nenne ich diese Erfahrung, weil hier überhaupt nicht feststeht, ob und inwieweit man Gott als deren Urheber benennen kann. P. Volz hat 1924 in seiner Studie *Das Dämonische in Jahwe* diese Züge für das ältere Alte Testament ermittelt. In Wahrheit aber gelten sie auch für das Neue Testament (Jesus) und die Kirchengeschichte (Versuchungen des hl. Antonius). Nach P. Volz hatten die biblischen Autoren noch keine Zweifel daran, dass Gott als bösartiger, zum Überfallen des Menschen bereiter Geist dargestellt werden kann.

Diese Erfahrungen sind auch ein Schauplatz des biblischen Streits um den Monotheismus. Denn wo Jahwe, der Gott Abrahams und des Mose, den einzig relevanten transzendenten Geist darstellt, müssen die Erfahrungen mit dem heimtückischen, Verwirrung stiftenden Geist auf irgendeine Weise mit Gott in Verbindung gebracht werden. Man kann nicht sagen, dass diese Zuordnung besonders souverän geschehen ist, daher sind die Aussagen über den Versucher so zerklüftet und nie zu einer wirklich beruhigenden Einheit gelangt. Das zeigt sich nicht zuletzt in der schleppenden Rezeption dieser Vaterunserbitte. Sie ist bis heute der am wenigsten verstandene Satz der Bibel.

Wenn der Versucher also nicht Gott selbst ist – versucht dann der Teufel irgendwie im Auftrag Gottes oder wenigstens nicht ohne sein Wissen und Wollen? Ist dann die teuflische Bösartigkeit nicht doch irgendwie »göttlich« oder vordem göttlich, also »abgefallen«? Folgt sie dem dualistisch-apokalyptischen Schema, nach dem alles Teuflische schlechte Kopie des Göttlichen ist? Vor diesem Hintergrund wird deutlich: Das große bleibende Problem biblischen Glaubens ist der Dualismus. Das gilt bereits für das Gottesbild selbst, nicht erst für das insbesondere von Augustinus zum Ausdruck gebrachte Menschenbild. Und dieses Thema ist aufs Engste mit der Theodizee verknüpft.

11.8 Versuchung und Heiliger Geist

In Mk 14,38 ist das Gebet das Gegengift gegen Versuchungen, und im gleichen Vers ist vom Heiligen Geist die Rede. – Andererseits führt der Geist Gottes Jesus zur Versuchung in die Wüste. Wenn man so will, kann man diese Notiz in Kontrast zur Vaterunserbitte setzen: Und führe uns nicht in Versuchung. Denn nach Mt 4,1 und Lk 3,2 tut der Heilige Geist genau das, wovor uns Gott nach dem Vaterunser bewahren soll: Er führt zur Versuchung an den Ort, an dem der Teufel versucht. So scheint es jedenfalls. Träfe diese zugegeben naive Beobachtung zu, dann könnte das Vaterunser Gott hier darum bitten, uns vor bestimmten Aktivitäten seines Heiligen Geistes zu bewahren.

Hierzu lässt sich Folgendes festhalten: Unsere Beobachtung, dass es bei Versuchungen um Geist[er] geht, wird durch Mk 14,38 bestätigt: Das Gebet ist hier wie auch sonst eine Aktivität unter besonderer Ägide des Heiligen Geistes (vgl. zu Lk 11,3). Ferner ist der Geist, der nach Mk 1 in die Wüste treibt/führt, jedenfalls nicht der

Versucher. Schlussendlich ist zu bedenken, dass die Aktivität des Geistes nach Mk 1,12 mit gr. *ekballein* (»hinaustreiben«) bezeichnet wird, nach dem Vaterunser soll Gott die Menschen nicht gr. *eisferein* (»hineintragen«) in die Versuchung. Bei Markus geht es »hinaus« (sc. in die Wüste; aber nicht jedes Draußen ist schon [der Ort der] Versuchung), bei Mt 6 »hinein«, nämlich in die (Mitte der) Versuchung.

Die Versuchungsbitte wird in der Basilius-Anaphora II 560 folgendermaßen gedeutet: »Führe uns nicht in schwierige Versuchungen oder in bittere Nöte. Führe uns nicht in die Netze des Feindes und der Feinde unserer Seelen. Verlass uns nicht, damit wir nicht in die Hände der angeberischen Schwärmer fallen, die unser Leben beschädigen wollen, sondern befreie uns von allen verborgenen und versteckten Versuchungen. Erlöse uns von allem Bösen, das uns befällt wegen unserer Bosheit.«

11.9 Klarheit bei Dogmatikern?

Manche unterscheiden »Prüfungen«, die von Gott kommen, und Versuchungen des Teufels, die den Menschen schädigen sollen. – Nach »Bibel Online« (T. K.) gilt: »Der Versucher, derjenige, der mit Bösem versucht, ist nicht Gott, sondern der Teufel, und er tut dies entweder direkt oder indirekt.«

»Eine Versuchung ist der Anreiz oder die Verleitung zu einer Handlung, die reizvoll erscheint, jedoch un-

zweckmäßig ist, einer sozialen Norm widerspricht und/
oder verboten ist.«

11.10 Zusammenfassende Deutung von Mt 6,13a

Mein Übersetzungsvorschlag: »Lass uns nicht in Versuchung geraten!« (oder, weniger geeignet: »Führe uns
vorbei an der Versuchung«). Folgende Begründungen lassen sich diesbezüglich anführen:

1. Der Sinn kann nicht sein: »Versuche uns nicht!« Denn
unser Gottesbild ist im Unterschied zu Gen 22,1 nicht
mehr archaisch, sondern differenziert. Gott ist nicht
mehr das ungewisse, gegebenenfalls gefährliche Gegenüber. In den Jahrhunderten, die seit der Abfassung von
Gen 22 vergangen sind, haben wir jedenfalls gelernt,
»Transzendenz« subtiler und nuancierter zu denken.

An dieser Differenzierung und Nuancierung des
Gottesbildes hat die mittelalterliche Mystik großen Anteil, denn hier gewann die Transzendenzerfahrung größere Tiefenschärfe. Das hatte seinen Preis, auf den gleich
hinzuweisen sein wird. – Größere Tiefenschärfe, das
bedeutet: Man kann genauer differenzieren zwischen der
Höllenerfahrung von Hieronymus Bosch und dem Gott
zärtlichster Liebe nach Bernhard von Clairvaux. Oder
im Sinne der Mystik des Pfarrers von Ars gesprochen:
zwischen dem guten Hirten und dem höhnischen Feind
der Menschen (G. Bernanos), der den berühmtesten

Beichtvater Frankreichs nachts über Tisch und Bänke jagt. Man kann mit Matthias Grünewald die Qualen des Gekreuzigten als Ausdruck des Elends der Gottferne begreifen, aber auch in den Marienkrönungen den erlösten Menschen anschauen, der Gottes Licht und Liebe genießen darf. Einem Pfarrer, der kurz davor ist, sein Priestertum aufzugeben (weil er mit der »Kirche« als Institution nicht mehr aus noch ein weiß, weil sie ihm starre Wüste zu sein scheint, die er doch eher in sich selbst trägt), musste ich gerade in diesem Sinne schreiben: »Für mich ist Ihre Vita Ausdruck einer Gotteserfahrung, wie sie ähnlich aber doch ganz anders Joh. Maria Vianney erlebt, vielleicht brutaler, so trostlos, wie Mutter Teresa zu den Siechen irrte, um wenigstens bei ihnen Gott zu finden. – Das, was Sie erleben, ist nichts Oberflächliches, sondern eine neuzeitliche postkonziliare Form grundsätzlich biblischer äußerster Wüste. So, bis zur Zerstörung, kann einem Gott begegnen. Es sollte alle harmlos selbstgefälligen Mitbrüder aufschrecken.«

Als das Gottesbild noch undifferenziert und nicht in Angstmachendes und Liebevolles gespalten war, ist der Gottesdienst jedenfalls interessanter gewesen, weil er nicht hauptsächlich darin bestand, einen Gott zu verkünden, der »nichts tut, sondern nur spielen will«. Die stark apotropäischen und »magischen« Elemente zum Beispiel der äthiopisch-orthodoxen Liturgie setzen auf Ritus und Wiederholung, weil sich darin am ehesten gegenüber dem Unheimlichen der Transzendenz ein Stand gewinnen lässt.

2. Dennoch hat Gott etwas mit Versuchung zu tun. Das gilt allein schon deshalb, weil die Annahme eines metaphysischen Dualismus für das Denken im Gefolge der Bibel nicht infrage kommt (d. h. es gibt weder ein böses Prinzip noch einen bösen Gegengott, es stehen sich nicht zwei selbstständige Wesen, ein gutes und ein böses, auf Augenhöhe gegenüber). – Positiv gesagt: Gott ist nicht der Versucher, aber er ist der Hirte seiner Herde (unser Hirte) und jedes Einzelnen (»Der Herr ist mein Hirte«). Und von alters her gilt im biblischen Denken das Bild des Weges. Daher kann ich sagen: Der Herr ist mein Hirte auf dem Weg meines Lebens. Und das, was mir auf den Stationen meines Lebensweges begegnet, kann ich nicht pauschal Gott in die Schuhe schieben. Und wenn dieser Gott in der Welt überhaupt etwas bewirken kann, dann subtile Dinge wie Erwählung, Sendung und Führung. Da geht es um Auftrag und Richtung. »Gib, dass ich dies und das nicht sehen muss, dass ich da und dort nicht zwischen die Fronten gerate und dann doch nur aufgerieben werde.« In positivem Lichte gelesen heißt Mt 6,13a: Führe mich, Herr, den rechten Weg. So wie Zacharias, der Vater des Täufers in Lk 1,79 sagt: »Er wird leuchten für uns, … und er lenkt uns auf den Weg des Friedens.«

3. Wenn man sagen kann, der Teufel versuche, dann bedeutet das: Ein von Gott geschaffener Geist ist nach wie vor darauf erpicht, meinen Glauben und meine Treue zu zerstören, so wie es Jesus in der Wüste und dem Pfarrer von Ars in seinem Pfarrhaus ergangen ist.

Wer Gott bitten kann, ihn vor dem Anblick dieser Situationen zu bewahren, der misstraut den eigenen Schritten, der Trittfestigkeit der eigenen Füße, der Kompetenz der eigenen Zielfindung. Dann bittet er Gott, er möge ihn vor jedem Schritt über die richtige Richtung belehren. Denn er weiß aus der Erfahrung eigener Fehlgänge, dass er selbst es lieben könnte, versucht zu werden, und es gerne riskiert, darin umzukommen. Gott möge uns vor dieser selbstmörderischen Lust bewahren. – Die Vaterunserbitte Mt 6,13a will somit nicht Gott bitten, er möge sein Hobby, uns zu Fall zu bringen, aufgeben. Vielmehr möge Gott uns vor uns selbst beschützen, denn allzu gerne lassen wir uns versuchen, um dann der Anfechtung erliegen zu können und womöglich noch anderen die Schuld zu geben.

12 Befreiung von dem Bösen

12.1 Der Böse oder das Böse?

Zunächst ist zu fragen: Geht es um das Böse (moralisches oder physisches Böses) oder um den Bösen (im Sinne des Teufels)? Früher sagte man: Erlöse uns von dem Übel. Da war die Sache klar, doch das war erkennbar nicht im Sinne Jesu oder des Matthäus.

Nein, in Mt 6,13 geht es um *den* Bösen, nicht um *das* Böse. Man lese nur Mt 13,19 (der Teufel nimmt die Botschaft aus den Herzen wieder weg. Denn es kommt

»der Böse«), Mt 13,38 (das Unkraut sind die Kinder des Teufels im Unterschied zu den Kindern des Reiches Gottes), die meisten griechischen Väter, Luther (großer Katechismus) und die meisten Reformierten. Auch in Mt 5,37 (alles Weitere ist vom Teufel) geht es wohl um den Bösen (vgl. 1 Joh 3,8: »Vom Teufel« ist daher der Gegensatz zu »aus Gott«).

12.2 Ist der Teufel eine Person?

Der Teufel »ist« zwar keine Person, aber …

Der Teufel ist keine Person im neuzeitlichen Sinn (mit Biografie, Entwicklung, Erinnerung, Herz), aber diese Wirklichkeit hat dennoch personhafte Züge. Weil der Teufel nicht sichtbar oder hörbar ist und keine Spuren hinterlässt, denken viele, dass diese Wirklichkeit nicht existiert, dass also schon deren Dasein strittig ist. Die Menschen werden jedoch immer wieder eines Besseren belehrt: Teufel ist ein Name für ein Bündel von Erfahrungen, die doch einen gemeinsamen Nenner haben, der weit über den Charakter eine »Sache« hinausgeht. Teufel ist eine Erfahrung, die sich immer wieder unabweisbar den Menschen aufdrängt, Trauer und Entsetzen hervorruft, insofern sie nicht nur schmerzlich, sondern eben auch »gemein« ist. Teuflisch ist dann das Ungerechte, unerwartet Tückische, Hinterhältige.

Der Personenbegriff, der hier »passt«, orientiert sich eher am Rollenverständnis des antiken Dramas als am modernen Verständnis von Gewissen. Es geht also um eine Reihe von Funktionen, die der Teufel in seinem »Repertoire« hat:

1. Grundlegend ist die imitatio diabolica, das Prinzip der Nachahmung. Teuflisch ist immer das, was nicht echt ist, was keine Substanz hat und zerflattert wie ein Trug- und Wahngebilde. Teuflisch ist immer die Nachahmung eines vermeintlich Besseren.

2. Demgemäß ist auch das Personsein des Teufels nur als Nachahmung zu verstehen. Der merkwürdig ambivalente Eindruck, der in dieser Hinsicht entsteht, hat also seinen Grund in der Seinsstruktur der Nachahmung.

3. Teuflisches ist immer auch mit Intelligenz ausgestattet. Daher disputiert Jesus 40 Tage lang mit dem Teufel über die Schrift – eine erste exegetische Fachdiskussion zwischen unversöhnbaren Gegnern. Es ist nicht so, dass diese Argumente alle nur im Bewusstsein oder in der Erinnerung Jesu auftauchen, dass er gegen eigene Einwände kämpft; vielmehr geht es um ein hartnäckiges und letztlich unbelehrbares Gegenüber außerhalb, das deshalb nicht mit dem Ego zu versöhnen ist. Das ist das Einzige, was hier völlig ausgeschlossen ist.

4. Die Intelligenz des Teuflischen bezieht sich immer auch auf den gesunden Menschenverstand. Vor diesem Hintergrund erklärt sich auch die Art der Versuchungen: Da

Jesus nach 40 Tagen Fasten ein Frühstück gebrauchen könnte, ist die Aufforderung verständlich, aus Steinen Brot zu machen. Und es liegt auch nahe, dass ein jüdischer Messias der Weltherrschaft gegenüber nicht abgeneigt sein dürfte.

5. Deshalb versucht der Teufel gerade auch Neubekehrte, gehört Versuchung in jede Anfangsphase: Denn wäre es nicht viel besser, zum alten Frieden zurückzukehren, besonders zur Eintracht in der Familie, die mit der Bekehrung gestört wird?

6. Teuflisch sind verführerisch »geniale« Schlagwort-Utopien wie »Volk ohne Raum« / »Raum ohne Volk«. Der schöne Schein edler Humanität ist infolgedessen ein Merkmal des Teuflischen, wie man beispielsweise am nationalsozialistischen Namen »Lebensborn« erkennen kann. Insbesondere »Leben« ist eine wichtige ideologisch-propagandistische Verheißung. Sie erweist sich als Nachäffung, weil auch die Märtyrer auf »ewiges Leben« hoffen. Das teuflische Versprechen bezeichnet z. B. Euthanasie als eine Form von »humanitas«. Gerade in solchen Fällen ist es wichtig zu wissen, dass das Ziel der teuflischen Propaganda stets der Tod ist (vgl. hierzu auch Punkt 17).

7. Auch das römische Gottkaisertum ist eine phantastische Idee. Denn ein Riesenreich wie das römische ist nur durch einen Herrscher mit göttlichen Zügen zusammenzuhalten. In der Apokalypse wird ebendiese Versu-

chung ausgespielt, inklusive Wunderwirken, Herrscher-
kult und Herrlichkeit *(gloria)* des Herrschers. So wird
dann nur noch das Großartige, nicht mehr das Böse
wahrgenommen.

8. Es ist angebracht, gegenüber der Wirklichkeit des Teuflischen die gewöhnlichen Unterscheidungen zwischen
Person und Nicht-Person aufzugeben. Die Sachbenediktionen der Liturgie, die Dinge mit »Du« anreden, sind da
eine interessante Analogie. Das gilt auch für den weiteren
Seelenbegriff der Scholastik *(anima vegetativa, sensitiva,
rationalis)*.

9. Wenn Menschen vom Teufel besessen sind, dann verbindet sich die Erfahrung von Fremdheit (»Das ist doch nicht
unser Ferdinand«) mit der von Eigenwilligkeit. Beides
sind entferntere Symptome von Personalität. Es entsteht
der Eindruck, der »Besitzende« sei ein psychischer Krebs
(auf höherem Niveau).

10. Das Erfülltsein vom Heiligen Geist ist die positive
bzw. – auf Seiten des Teufels – nachgeahmte Entsprechung
zur Besessenheit. Auf beiden Seiten gibt es hier das totale
emotionale Engagiertsein.

11. Wie Gott, so hat auch der Teufel (in Nachahmung der
göttlichen Sendung) Menschen als seine Repräsentanten.
In diesem Sinne sind nach Auskunft der Apokalypse die
römischen Kaiser Träger satanischer »Vollmacht« *(exusia)*.

12. Teuflischer Trug ist in der Sicht der Apokalypse auch das römische Gottkaisertum. Die Idee, den Kaiser zugleich als Gott zu verehren, hat genialische Züge.

13. Die Verführung des Teufels betrifft oft die sogenannten intelligenten Menschen. Sie sind leichter verführbar als andere, schlichter gebaute Menschen.

14. Aufgrund seiner Intelligenz kann der Teufel die Schwächen der Menschen zielsicher herausfinden und ist daher ihr klassischer Ankläger vor Gott.

15. Die Macht des Teufels wird oft als über-individuell erfahren. Sie ist nicht beschränkt auf den geringen Radius eines Individuums. Folglich gibt es Teuflisches oft als mächtigen Massenwahn. Dabei zeigt sich, dass davon Besessene durch keine Argumente zur »Vernunft« zu bringen sind.

16. Oft haben in einem Massenwahn gerade »Intellektuelle« die Führung inne (vgl. vielleicht J. Goebbels). So hängt das Führerprinzip mit dem Teuflischen zusammen. Parolen wie »ein Volk, ein Reich, ein Führer« sind somit theologischen Ursprungs: »ein Gott, ein Glaube, eine Taufe« (Eph 4,5).

17. Das Ziel des Teufels und aller »Teufelei« ist stets der Tod. Darin liegt auch das Kriterium für die Anwesenheit bzw. das Gegebensein des schlechthin Teuflischen.

18. Dem zweiten (ewigen) Leben auf der Seite der Märtyrer entspricht der zweite Tod auf der Gegenseite (vgl. Apk 20,6).

Alle diese Elemente enthalten zumindest Züge von Intelligenz, hartnäckigem Willen, Zielgerichtetheit und raffinierter Propaganda (Verschleierung). Gerade aufgrund des Letztgenannten wird die Vaterunserbitte verständlich, die Menschen möchten vor trügerischem Betrug bewahrt bleiben um ihres Lebens willen.

12.3 Die Befreiungsbitte

12.3.1 Exorzistisches Gebet

Wenn »der Böse« der Teufel ist, dann ist das Vaterunser ein exorzistisches Gebet. Denn den Charakter eines Textes bestimmt wesentlich sein Schluss. Dieses Ende des Vaterunsers korrespondiert vor allem den anfänglichen Bitten um Heiligung des Namens und Kommen des Reiches. Denn vor allem Gottes heiliger Name vertreibt die unheiligen Geister, und wo sein Reich ist, da kann das Reich des Teufels nicht sein. Entsprechend heißt es in Lk 11,20: Wo Jesus die Geister vertreibt, ist das Reich Gottes gekommen. Seine Gegenwart schließt die der bösen Geister (inklusive Teufel) aus. Dieser Aspekt sowie die negative »Entsprechung« von Anfang und Ende des Vaterunsers werden zumeist nicht bedacht, weil man sich daran gewöhnt hat, »Reich Gottes« moralisch und nicht pneumatologisch zu verstehen.

Außerdem wird im Vaterunser nun das per Gebet verwirklicht, was in Mk 9,29 angekündigt wurde: Mk 9,29 besagt, dass es eine besonders hartnäckige und resistente Sorte von Dämonen gibt, die nur durch Gebet und nicht etwa durch die sonstigen Mittel des Exorzismus (Fasten, Handauflegung, Waschung) bekämpft werden kann. Es wird hier allerdings nicht ausgeführt, durch welches Gebet dies geschehen soll. Das wird nun im Vaterunser gleichsam nachgeholt.

Damit aber rückt das Vaterunser in die Nähe der Psalmen, die zu neutestamentlicher Zeit im Judentum und später in der Alten Kirche bis hinein in das Stundengebet unserer Tage eine grundsätzlich exorzistische Funktion inne haben. Sämtliche auf die Feinde bezogenen Stellen lassen sich nämlich hiernach auf die wahren Feinde des Menschen übertragen, welches nicht Menschen, sondern Dämonen sind. Besonders galt das auch für Ps 110, 3; denn die dort genannten Feinde, die zu Füßen gelegt werden, sind jene durch den Erhöhten prinzipiell überwältigten Feinde, die der Vater dem Sohn zu Füßen legt (1 Kor 15,25.27). Jesus als Exorzist wirkt insofern als Messias, als er die Feinde vertreibt. Das war die traditionelle Aufgabe des Messias.

Auch das LAB (Ps.-Philo, Buch der biblischen Altertümer 60,2–3) hat diese Auffassung, denn David vertreibt durch einen Psalm den bösen Geist Sauls, nachdem der Heilige Geist von Saul gewichen war (»Finsternis und

Schweigen war, bevor die Welt wurde, und es sprach das Schweigen und die Finsternis wurde sichtbar. Und damals wurde dein Name geschaffen bei der Zusammenziehung der Ausdehnung, wobei das Obere Himmel genannt und das Untere Erde gerufen wurde. Und es wurde dem Oberen befohlen, dass es regnen lasse gemäß seiner Zeit, und dem Unteren wurde befohlen, dass es Nahrung hervorbringe ... Und danach wurde der Stamm eurer Geister geschaffen. Und jetzt sei nicht unwillig als zweites Geschöpf ... Oder genügt es dir nicht, dass ich durch das, was klingt, vor deinem Angesicht vielfach singe? Oder bist du dessen uneingedenk, dass aus dem Widerhall im Chaos eure Art geboren worden ist? Überführen wird dich der neue Mutterschoß, aus dem ich geboren worden bin, von dem nach einer Zeit aus meinen Seiten der geboren werden wird, der euch bezwingen wird (wohl Salomo?).« – Unter anderem aus diesem Grund ist nicht nur der biblische Sohn Davids (Salomo) der Exorzist schlechthin *(Testamentum Salomonis),* sondern auch der endzeitliche Messias »Sohn Davids« und damit ebenfalls Exorzist. Daher liegt hier ein implizit christologischer Zug des Vaterunsers vor.

Was im Vaterunser und laut Mk 9,29 vermittels des Gebets geschieht, wird nach anderen Texten durch das Schwert des Wortes Gottes vollzogen. Das gilt zum Beispiel für Eph 6,11: Der Kampf, der nicht gegen Fleisch und Blut, sondern gegen den Teufel geführt wird, ist wesentlich durch das Schwert des Wortes Gottes bestimmt (6,17). – Und so ist es auch nach Apk 12,11: Die Christen besiegen den auf die Erde gefallenen Teufel durch das Blut (des Lammes) und durch das Wort ihres Zeugnisses. Demnach dient das Zeugnis nicht der Wissensvermehrung der Menschheit, sondern ist kriegerisches Geschehen. Und analog zur Wirkung des Exorzismus, die nach Lk 11,20 darin besteht, dass hierdurch Satans Reich verkleinert und Gottes Reich herbeigeführt wird, sind auch die Folgen der Mission nach Act 26,18 zu bestimmen: Paulus wendet die Menschen, die er bekehrt, ab vom Reich Satans (Gewalt, Vollmacht, Regiment) und unterstellt sie Gott. Ähnlich ist es nach Hss zu Mk 16,14: Die ungläubige Welt ist »unter dem Satan«, der dank des Wirkens der unreinen Geister verhindert, dass die Wahrheit Gottes erfasst wird. Das Ende der Macht von Satans Reich (auch hier *exusia* genannt) ist gekommen, deswegen soll und kann Gott gebeten (der Text hier ist ein Gebet; Freerianus, 4. Jh.) werden, seine Gerechtigkeit zu offenbaren. Und schließlich kommt in den metaphorischen Darstellungen des Gerichts ein zweischneidiges Schwert aus dem Mund des Richters – und zwar durch sein richterliches Wort: So wie das Wort des Messias die bösen Geister besiegt und das Zeugnis der Christen die gottwidrigen Mächte in der Welt vertreibt (vgl. Apk 12,11), so wird das Wort des Richters den Bösen und die bösen Mächte siegreich überwinden. Auch das scharf trennende Wort von Hebr 4,12 liegt inhaltlich ganz auf der Linie der hier dargestellten Tradition. Es ist eben nicht Geschwätz, sondern unverzichtbares Instrument auf dem Weg zu einer neuen Welt, in der die Wahrheit gesiegt haben wird.

12.3.2 Zum Teufelsbild

Die Deutung des Teufels als Person liegt vor allem deshalb nahe, weil im Satz zuvor die Bitte um die Befreiung von der Versuchung geäußert wird.

Hier ist nochmals insistierend zu fragen:

1. Was haben wir mit diesem Teufelsbild zu tun?
2. Ignoriert das Vaterunser nicht hier – wie auch sonst – den Kreuzestod Jesu als Erlösung? Denn man kann doch fragen: Sind wir nicht durch seinen Tod bereits vom Teufel erlöst?
3. Wie soll denn die Erlösung vom Bösen jetzt geschehen?

Zu 1.: Angesichts der Macht und Zerstörungskraft des Bösen hilft kein Entmythologisieren und keine angestrengte Rationalisierung oder Psychologisierung. Auch wenn man sich auf »das Böse« verständigt, ist das nur eine Beschwichtigung. Der Heimtücke, Penetranz und Pseudo-Intelligenz dieses Wesens wird man damit nicht gerecht. Wir hätten es gerne handlicher und tun so, als sei es ausreichend bekämpft, wenn man dreimal täglich eine Pille dagegen schluckt. Wenn wir sagen, »der Böse« sei so etwas wie eine Person, dann sind wir eher davor gefeit, ihn kleiner zu machen. Denn keine Person ist berechenbar oder durch Mittel der Ratio restlos aufzuhellen – damit teilt der Böse mit der Person das mysterium individuationis, auch wenn der moderne Personbegriff auf den Teufel überhaupt nicht zu passen scheint. Die Unheimlichkeit des Bösen ist eine Form seiner Übermacht. Ihr begegnet man nicht durch Aufklärung, sondern durch Beten. So wie es eben im Vaterunser geschieht.

Das Problematische jeder Art von Aufklärung besteht immer wieder in einem Triumphalismus, gegen den ein entsprechendes Verhalten von Frommen nur ein kleines Vorspiel ist. Die Siegesgewissheit der Aufklärer wird schon durch den Ersten Weltkrieg tödlich getroffen. Und Thomas Mann zeigt in seinem *Doktor Faustus* die Irrationalität technisierter Barbarei.

Zu 2: »Der Teufel flieht das Kruzifix.« Dieser Satz wird theologisch in sein Recht gesetzt, wenn man die unfassbare Grausamkeit einer Kreuzigung nicht isoliert stehen lässt, sondern ins Verhältnis setzt zur Grausamkeit und Schändung, die Menschen angetan wird.

Das Ergebnis dieses Ins-Verhältnis-Setzens besteht in der Erkenntnis, dass Grausamkeit, Quälerei, Unrecht und Vergewaltigung in keinem Falle restlos zu verstehen oder mithilfe der Ratio auszuloten sind. Am Kreuz macht Gott dies alles selbst mit. Er bleibt nicht der leidferne Gott im Himmel, sondern wird auf Erden zerstört.

Zum Leiden Gottes unter den Menschen und inmitten der Menschen gibt es eine eindrückliche neue Darstellung: Ein Bild von Anfang September 2013: Bundespräsident Gauck in der Kirche von Oradour-sur-Glane: 1944 hatte hier die Waffen-SS 642 Menschen erschossen. Nur drei Männer waren anwesend – zwei Präsidenten und einer der sechs Überlebenden. – Was das Böse ist, muss hier nicht definiert werden. Es ist namenlos. Der halb zerstörte Altar hinter der Gruppe der drei Männer war unübersehbar. Inmitten von Chaos und Vernichtung ist er die Mitte der Kirche geblieben. Die linke Hälfte der Kerzen samt Standfläche einfach weggebrochen, der Tabernakel offen wie eine finstere Höhle, kein Kreuz mehr. Keine Spur von menschlichem oder pflanzlichem Leben. Die drei hohlen, offenen Fenster hinter dem Altar waren einst der Symbolik der Dreifaltigkeit gefolgt, wie in Zisterzienserkirchen. Nun sind sie leer wie ausgestochene Augen. Der Name der Ortschaft lautet auf Lateinisch *Oratorium*, Gebetsstätte – der Ort ist nach dieser alten gotischen Kirche benannt, einem womöglich klösterlichen Gebetsraum.

Das Bild der Zerstörung erinnert an die Altäre, die früher nach dem Gottesdienst am Gründonnerstag ganz ähnlich aussahen; wer es je erlebt hat, dem wird sich die liturgische Demolierung des Altars eingeprägt haben: Die Kerzen wurden aus den Tellern herausgebrochen, die Kerzenständer entfernt, das Kreuz wurde verhüllt in die Sakristei gebracht. Der Tabernakel wurde geleert, die Tür stand weit offen. Der Hauptaltar, sonst schön verziert, wurde zum Mittelpunkt der Katastrophe. So hat das Massaker in der Kirche von Oradour den Altar auf ähnliche Weise zugerichtet wie es das Bild der Passion seit jeher in der Liturgie der Karwoche gewesen ist. Der Altar nämlich stellt Christus dar. Wenn Christus demoliert wird, kann der Altar nicht prächtig bleiben.

In meinem alten Schott heißt es dazu: Nach der Vesper am Gründonnerstag »entblößt der Priester mit dem Diakon und Subdiakon die Altäre unter Abbetung des 21. Psalms, wo der königliche Prophet die schmerzliche Entblößung des Heilandes voraussagt mit den Worten: ›Sie haben meine Kleider unter sich geteilt und über mein Gewand das Los geworfen.‹ Dieser düstere liturgische Gebrauch, durch den das Gotteshaus vollends ein Bild der Trostlosigkeit und Öde wird, sowie die Ablegung allen Schmuckes, dessen sich die Kirche im Übermaße ihres Schmerzes über den leidenden und sterbenden Heiland begibt, kündet zugleich, dass das heilige Opfer bis zu dem Zeitpunkt unterbrochen wird, da der Herr aus dem Grabe emporsteigt« (S. 308).

In der Kirche von Oradour ist das Böse in Gestalt des Massenmordes mit Händen greifbar. Die Mitte ist der zerstörte Altar, der sinnenfällig den zerstörten, ermordeten Christus darstellt. Denn Gott ist es nicht besser ergangen als den Menschen.

Ist der verlassene, leere, offen stehende Tabernakel nicht die Wahrheit über die Erde? Denn so empfand man es schon in der Alten Welt: Vor dem Untergang einer Stadt verließen als Erstes die Götter den Tempel. So berichtet es Josephus auch über den Tempel in Jerusalem. Eine Welt, die Gott hinausgetrieben und hinausgebombt hat. In seiner Zerstörung hat der Altar der Kirche in Oradour eine besondere Schönheit, nämlich die Schönheit der Wahrheit. Der 2013 abgebrochene Pontifikat des ersten deutschen Papstes nach 500, ja genau besehen nach 1000 Jahren zeigt Züge

dieser Wahrheit. Denn das ist der Zustand dieser karfreitäg-
lichen Welt. Wie in einem Mysteriendrama von Gertrud
von le Fort; so habe ich dem Papst direkt nach seinem
Rücktritt den Passus aus der lateinischen Baruch-Apoka-
lypse geschrieben: Dass die Weisen aus der Welt fliehen,
dass sie nicht mehr reden können und dürfen, sondern
schweigen und beten, beten und schweigen. Dass sie sich
verbergen müssen. Weil jedermann sich die Ohren zuhält
und die sogenannten Freunde sprungbereit in den Büschen
am Weg sitzen. Weil leere Tabernakel das echte Bulletin
über unseren Zustand sind.

Demnach teilt Gott nicht nur solidarisch das Ge-
schick der Menschen – dadurch allein »würde sich nichts
ändern«. Wenn das Neue Testament sagt, dass Jesus an
der Spitze der Märtyrer in den Himmel einzieht (vgl.
Hebr 12,1), dann betrifft die Solidarität mit Jesus nicht
nur das elende Leiden, sondern erstreckt sich vor allem
auf die Fortsetzung dieses Weges im Himmel in Gestalt
der Verwandlung mit Jesus in der Auferstehung. Auf das
Mitsterben folgt das Mit-Auferstehen. Diese auf Verwandlung zielende enge Gemeinschaft beginnt in der
Taufe. Gott teilt das Elend der Kreatur, um durch das
Angebot engster Gemeinschaft die Kreatur (fast eine Ver-
schmelzung mit Jesus in der Taufe) aus dem Sterbezimmer
dieser Welt herauszuführen.

Das Vaterunser gibt schon zutreffend an, dass niemand anders als Gott vom Bösen befreien kann, denn der
Böse selbst ist zugänglich in einer anti-spiegelbildlichen
religiösen Erfahrung, die dennoch im Bereich religiöser

Erfahrung anzusiedeln ist. Das hat die Geschichte der Teufelsvorstellungen gezeigt. Und daher ist auch die Theodizeefrage ein Dauerbrenner in religiösen Fragen.

Zu 3: Weil das Böse Egoismus ist und Verweigerung des Weiterschenkens, hilft theologisch dagegen der vertrauensvolle Blick auf das Kreuz (Glaube); die Antwort auf unsere Ängste gibt das Evangelium, die Sakramente und in alledem Jesus als unser Mittler.

12.3.3 Gott und der Teufel

In welchem Verhältnis zu Gott steht also nun der Teufel? Die Schwierigkeit dieser Frage darf man nicht unterschätzen, denn sie macht einen Teil des mit dem menschlichen Hirn kaum lösbaren Theodizee-Problems aus.

Nach Hiob 1f. ist der Teufel ein Angestellter Gottes »im Außendienst«, der nicht ohne Wissen und unter Zulassen Gottes Hiob auf seine Standfestigkeit hin prüft. Da es um Hiobs Glauben geht, kann das Ergebnis dieser Prüfung nicht außerhalb eines vernünftigen Interesses seines Herrn liegen. Ich habe nun (in *Wozu ist der Teufel da?*) zu zeigen versucht, dass sich in der Erfahrung des Judentums und dann auch seiner theologischen Ansicht nach die Macht des Teufels dualistisch und dramatisch verstärkt.

Zunächst ist der Teufel – darauf beruht seine Macht – immer der Ankläger der Menschen, Gottes Staatsanwalt. Dieser Staatsanwalt hat regelmäßig Recht, weil die Men-

schen Sünder sind. Deshalb gibt es noch in jedem Heilig-
sprechungsprozess einen advocatus diaboli. Nach Apk 12
ist dieser advocatus längst aus dem Himmel vertrieben
und auf die Erde geworfen. Der Vorsitzende des Gerichts
(Gott) hat skandalöserweise den Staatsanwalt selbst aus
dem Gerichtsgebäude werfen lassen.

Eine weitere Linie führt zu dem Schluss, dass hinter
jedem Götzen der Teufel steht, der auf diese Weise Gott
die Ehre und die allein ihm zukommende Verehrung
stiehlt.

Und wenn Joh 8 sagt, der Teufel sei der Menschen-
mörder von Anbeginn, so kann das nicht im Sinne des
Schöpfers der Menschen sein. Aber es ist wahr: Der Teufel
ist der Menschenfeind. Um direkt Gottesfeind zu sein, ist
er nicht groß genug.

Das Anwachsen der Macht Satans führt am Ende dazu,
dass die »Welt« vom Teufel beherrscht wird und dass die
Menschen aus dieser Herrschaft wieder befreit werden
müssen. Unabhängig vom Vaterunser ist das in Apg 26,18
dargestellt, wonach Paulus seine Sendung folgendermaßen
beschreibt: »damit du ihnen die Augen öffnest, sodass sie
umkehren von der Finsternis zum Licht, aus der Herrschaft
(gr.: *exusia*) Satans hin zu Gott.« Hier wird der Anfang
einer Befreiung dargestellt. Auch im Vaterunser ist diese
Befreiung mit einem Herrschaftswechsel gleichzusetzen;
deshalb heißt es: »Dein Reich komme!«, das bedeutet:
Lass uns und andere zu deiner Herrschaft gehören. Die beiden Reiche sind aber einander so entgegengesetzt wie später bei Augustinus die civitas dei der civitas diaboli.

Fazit: Mt 6 sieht die Versuchung der Christen wohl »nicht als eine willkommene Gelegenheit zur Bewährung ..., sondern als eine echte Gefahr für das Gottesverhältnis« (K. Haacker, a. a. O., 205). Mir scheint aber (gegen K. Haacker, a. a. O.) dass dieses nicht Hiob 1 entspricht, sondern eher der späteren deutlich dualistischen Tradition. Dafür spricht u. a. auch die Anordnung im Vaterunser.

Zum Verhältnis von Mt 6 zu Gen 22,1 (Gott versuchte Abraham) ist letztlich mit K. Haacker (a. a. O., 204) zu bemerken: »Dass Abraham nach Gen 22 von Gott auf die Probe gestellt wurde und sich dabei bewährte, ist vom frühen Judentum geradezu als Generalnenner der gesamten Abrahamsüberlieferung verstanden worden ... Man verstand den Glauben Abrahams nach Gen 15,6 ... als die Treue in diesen Versuchungen.

12.3.4 Reich Gottes und der Böse

Es geht hier um den Bösen. Damit ist nicht gemeint, dass es Aufgabe der Verkündigung sei, den Teufelsglauben (wieder) einzuführen. Aber ein Text wie Lk 11,20 kann – als Kommentar zum Aufbau des Vaterunsers gelesen – hier weiterhelfen. »Wenn ich aber die Dämonen mit Gottes Finger austreibe, dann ist Gottes Reich zu euch gekommen.« Betrachten wir die Stelle einmal kurz für sich: Jesus verkündet programmatisch (siehe Mk 1,15) das Kommen des Reiches Gottes und sein nahes Bevorstehen. Die Verkündigung geschieht z. B. in Gleichnissen. Aber neben dem Wort steht die Tat. Jesus ist Exorzist. Durch dieses Wirken kommt das nahe Reich nun wirklich zu den Menschen. Das geschieht, indem destruktive, quasi-personhaft gedachte Mächte vertrieben werden, und zwar von jedem einzelnen Menschen. Mit »quasi-personhaft« meine ich: Es geht nicht um Sachobjekte; so sehen wir zumeist Krankheiten, die wir dann mit den Mitteln der Schulmedizin zu besiegen hoffen. Teufel und Dämonen sind weder bloße Krankheiten noch Personen im neuzeitlichen oder gar juristischen Sinne. Doch Jesus kann mit ihnen reden, sie können antworten, sie verstehen Fragen und sind tückisch, wenn sie wiederkehren. Jesus kann ihnen befehlen. Sie respektieren seinen Rang. Wie wenn ein General der Alliierten 1945 mit versprengten deutschen Soldaten umginge (denn befohlen und gehorcht wird überall, wo es Soldaten gibt). Diese ganze Dramatik gibt es nicht in der klassischen Schulmedizin.

Ich muss hier nicht »beweisen«, ob und inwiefern der Teufel und die Dämonen Personen sind (und wenn ja, wie viele?). Aber es ist ähnlich wie bei Personen. In Worten wie Lk 11,20 fasst Jesus die beiden Stränge seines Wirkens zusammen. Und wenn er in Mk 9,29 sagen kann: »Diese Geister sind nur mit Gebet zu bekämpfen«, so wird von daher das Vaterunser verständlich: Es ist in der Spitzenaussage am Ende (»Erlöse uns von dem Bösen«) Ersatz für Exorzismus bzw. sollte den Exorzismen an die Seite gestellt werden. Das Vaterunser ist damit ein Instrument im Kampf gegen Teufel und Dämonen.

Es ist kein Zufall, dass sich hier in der Struktur des Gebets die Reichsbitte und die exorzistische Bitte am

Schluss entsprechen. Denn wer bittet: »Dein Reich komme«, der sieht die praktische Verwirklichung dieses Kommens in der Besiegung des Teufels und der Dämonen – zum Beispiel mithilfe dieses Gebets.

Hat es irgendeinen Sinn, darauf zu Beginn des 21. Jahrhunderts hinzuweisen? Dies also immerhin 21 Jahrhunderte später Menschen nahezubringen, die sich für aufgeklärt halten und für die Meinung, dass es überhaupt Teufel und Dämonen gebe, keinen Cent zu zahlen bereit sind?

1. Zum einen hat uns vor allem die Begegnung mit Kulturen und Religionen der sogenannten Dritten Welt gelehrt, dass die säuberliche Einteilung der Wirklichkeit in Personen und Nicht-Personen am Ende nicht weiterführend ist. Auch die Liturgie der katholischen Kirche sieht die »Sachbenediktionen« – also das, was zu segnen ist – in der Regel insoweit personhaft, als man »es« anreden kann. Man kann das Aberglauben nennen, man kann aber auch versuchen, die eigenen Einteilungen zu relativieren. Die Kulturen, die sich in der Bibel spiegeln, kannten unsere strikten Grenzziehungen so noch nicht. Hier sind die Übergänge fließender. Viele Christen sind erstaunt, wenn sie hören, dass nach Thomas von Aquin und zahlreichen anderen die Pflanzen eine Seele haben *(anima vegetativa)*.

2. Weder die »Seele« noch Teufel und Dämonen kann man »sehen«. Kurioserweise hat aber gerade das Medium, das am meisten des Sehens bedarf, nämlich der Film, in den letzten 60 Jahren immer wieder und mit Nachdruck die

Dimension der grauenhaften unsichtbaren Mächte in Erinnerung gerufen.

3. Auch hier gilt der scholastische Grundsatz: *Tantum valet, quantum probat.* Eine Weltsicht bzw. ein Verständnis von Wirklichkeit ist bedenkenswert, muss sogar unbedingt beachtet werden, wenn es hilft, etwas weiser zu werden, die Scheuklappen abzubauen und einen weiteren Sinn für die Fülle dessen zu gewinnen, was wirklich ist oder sein könnte. – Der Personenzentrismus der europäischen Weltsicht darf nicht auf Kosten der übrigen Wirklichkeit zu Tode strapaziert werden. Unter Personenzentrismus verstehe ich eine Meinung, die nur das als wertvolle, respektable, erhaltenswerte Wirklichkeit erachtet, was einen Personalausweis haben kann. Engel, Teufel und der Herrgott haben das eben nicht. Arm dran also?

12.4 Erlösung

Ist das Christentum eine Erlösungsreligion? Oder eine Befreiungsreligion? Oder doch eher eine Versöhnungsreligion? – Das griechische Wort *rhyo* in Mt 6,13b kann man mit »erlösen« oder »befreien« oder »loslösen« übersetzen. Obwohl es für »versöhnen« einen anderen Begriff gibt (gr. *kat-allasso*), liegt hier angesichts der Tatsache, dass die in Mt 6,12b geforderte Vergebung in Mt 5,24 ebenfalls »versöhnen« (gr. *di-allasso*) heißt, auch diese Dimension nicht fern.

Nun unterscheidet die moderne Religionswissen-schaft wohl mit Recht zwischen Erlösungsreligion und Versöhnungsreligion. Und hier liegt auch der Unterschied zwischen Christentum und Buddhismus begründet.

In einer Erlösungsreligion geht es nämlich um Loslö-sung und Befreiung des Menschen von jeglichem Durst und aller Gier, von Materie und Welt und schließlich sogar von sich selbst. Der Buddhismus lehrt eben nicht nur die Befreiung von Abhängigkeiten, sondern auch die Loslö-sung von dem Streben nach Abhängigkeiten, darunter auch die vom zielgerichteten Streben nach Aneignung, also nach Besitz und allem sonstigen Haben-Wollen. In dem ersehnten Endzustand soll der Mensch folglich auch sich selbst nicht mehr haben wollen. Er soll auch nicht danach trachten, geliebt zu werden. Denn allzu leicht ver-steht er seine Seele als unersättliches Zentrum des Haben-Wollens. Fernziel ist immer, gerade davon freizukommen. Das Christentum hat viel damit gemeinsam. Denn Jesus fordert dazu auf, von allem Besitz frei zu werden (vgl. Lk 18,22; Mk 10,21). Analog hierzu bittet Mt 6,13b darum, Gott möge von jeder Knechtschaft und Abhängigkeit gegenüber dem Teufel befreien.

Doch gegenüber dem Buddhismus kann ein Christ keine Befreiung von sich selbst ersehnen. Er hofft durchaus, von krankhafter Ichsucht erlöst zu werden, zumal Ego-ismus den Kern jeglicher Sünde darstellt. Aber es hieße das Kind mit dem Bade ausschütten, wenn das Ziel darin bestünde, die eigene Seele und Individualität aufzugeben. Gerade auch bei der christlichen Vorstellung von der »Liebe« geht es keineswegs darum, ein Verlöschen des Selbst anzustreben. Es ist eine weise Formulierung, dass es beim Gebot der Nächstenliebe heißt: »Liebe deinen Nächsten wie dich selbst.« Es heißt nicht: »Liebe deinen Nächsten und hasse dich selbst.« Selbst die Formulierung »Liebe deinen Nächsten mehr als dich selbst« ist zwar im Barnabas-brief (19,5) belegt, wurde damit aber nicht in den Kanon aufgenommen und lautet überdies auch nicht: »und nicht dich selbst« – man soll den anderen nur »mehr« lieben. Damit ist für den Zweifelsfall eine Norm angegeben, aber kein Verbot der Selbstliebe ausgesprochen. Der Buddhismus hingegen sieht in der Selbstliebe die Wurzel alles Bösen. Das Dilemma bzw. der Streitpunkt besteht in der Frage, ob das Christentum nicht inkonsequent ist, indem die Selbstliebe in gewissen Grenzen erlaubt ist. Dem Ansehen des Buddhismus ist es jedenfalls nicht abträglich, dass er die Auflösung der Person erstrebt.

Der Streit kann wie folgt gelöst werden: Christentum und Buddhismus gehen die ersten Meter auf einem gemeinsamen Weg. Und das ist schon eine ganze Menge, wenn man den Zustand der Welt betrachtet. Diese ersten Meter Gemeinsamkeit bedeuten nicht nur ein Freiwerden von allen Dingen, sondern implizieren auch einen »achtsamen Umgang« mit allen Dingen, weil man sie nicht verbrauchen, sondern »sein« lassen will. Das Seinlassen ist im doppelten Sinne zu verstehen: als Freigeben (Abschied-nehmen) und als Lebenlassen.

Doch nach diesen wichtigen Gemeinsamkeiten gabelt sich der Weg: Das Ziel des christlichen Weges ist eine

Erneuerung der Person als ihre Bejahung und der daraus folgenden Fähigkeit zur Liebe. Bei Jesus wird dieser Status als Gotteskindschaft beschrieben. *Insofern wirkt sich die Vater-Anrede von Beginn des Gebetes an bis in die letzte Bitte hinein aus.* Wenn nämlich der Vater von dem menschenverachtenden Widersacher befreit, dann erlöst er auch von allem, was das ungehinderte und fröhliche Gegenüber und Miteinander des Vaters mit seinen Kindern stört.

Insofern ist das Christentum zwar in seinen ersten Schritten eine Erlösungs- und Befreiungsreligion, der Zielsetzung nach jedoch eine Versöhnungsreligion. Dieser Hinweis ist wichtig, da er nicht nur den Unterschied zum Buddhismus betrifft, sondern auch eine häufig eingebürgerte Sichtweise der Christen auf das Christentum selbst. Denn mit der Erlösung durch Jesus Christus und der Befreiung von der Sünde ist eben nicht schon alles geregelt, was notwendig war. Zu Karfreitag (Befreiung von den Sünden der Vergangenheit) gehört nicht nur Ostern (Zukunft), sondern auch die versöhnte Gemeinschaft von Pfingsten absolut zwingend dazu. Wer das übersieht, verliert nicht nur die Dreifaltigkeit aus den Augen, sondern bleibt in seinem Christentum regelmäßig auf Sünde/Sühne fixiert. Es ist auch klar, dass in diesem Gefüge alle christlichen Konfessionen jeweils Tendenzen entwickelt haben, die das Gleichgewicht und die Selbstverständlichkeit der Abfolge dieser Stationen verletzen könnten (und verletzt haben).

12.5 Nicht Versuchung, sondern Befreiung

Mit dieser in Mt 6,13 formulierten Alternative korrigiert
Paulus das gewöhnliche Menschen- und Gottesbild.
Denn allzu oft sind Menschen der Meinung, sie seien in
ihrem Glauben fest und stur genug, sodass keine Gefährdung ihnen etwas anhaben könnte. Die Bitte, nicht in
Versuchung zu führen, offenbart eine tiefe Skepsis gegen-
über den menschlichen Fähigkeiten, von sich aus und mit
eigener Kraft den Anfechtungen zu widerstehen. Wer
bittet, davor bewahrt zu werden, der ahnt, dass seine
Kräfte nicht ausreichen werden. In Gethsemane (vgl.
Mk 14) offenbart Jesus in diesem Punkt selbst eine dra-
matische Schwäche. Die Bitte, vor der Versuchung zu
bewahren, ist wie ein Stoßgebet, das darum ersucht,
Gott möge das Feld der Begegnung von Gott und
Mensch wechseln. So als hätte Jesus gesagt: Himmlischer
Vater, du weißt, dass wir auf dem Gebiet der Versuchungen nicht gerade Helden sind. Deshalb bitten wir dich,
wechsle das Thema, setze auf einen anderen Aspekt.
Denn hier sind wir dir nur hoffnungslos gegenüber.
Unsere Lage kann sich nur ändern, wenn du vielleicht
am anderen Ende beginnst und uns wirklich frei machst
vom Bösen. Das kannst wirklich nur du. Damit meinen
wir alle Arten von Bösem, das physische (Krankheiten,
Erdbeben, Hunger und Durst), das moralische (Fehler
und Übertretungen deines Willens) und das metaphysi-
sche (die Gottesferne der Schöpfung). Das heißt: alle
Arten von Zerstörung des Lebens.

Hinter allen diesen Formen des Bösen steckt nämlich nicht nur Schwäche oder Unvollkommenheit der Schöpfung, sondern der Böse – keine Schwäche, sondern eine Seuche und ein ungreifbarer Feind, der mit List und Tücke jede Chance ausnutzt, die Schöpfung zu verneinen. Er ist wie mit dem Wasser einer Überflutung, das unwiderstehlich in die Häuser eindringt und alles wässert und zum Faulen bringt. Vater, behüte uns vor dieser teuflischen Penetranz, vor dieser zutiefst verdorbenen Intelligenz.

13 Vaterunser und jüdische Gebete

Nach Ansicht der älteren Exegese ist das Vaterunser ein durch und durch jüdisches Gebet. Oft geht man in dieser Beobachtung so weit, dem Vaterunser jeden christlichen Bezug abzusprechen. Dennoch hat das Judentum dieses Gebet nicht übernommen. Warum nicht?

Das wichtigste vergleichbare ältere jüdische Gebet ist das sogenannte Qaddisch-Gebet, das vielleicht schon vor 70 n. Chr. entstanden ist (Übersetzung nach Berger-Colpe, Textbuch, Nr. 148, S. 99): »Verherrlicht und geheiligt werde sein großer Name in der Welt, die er nach seinem Willen geschaffen hat. Er lasse herrschen seine Königsherrschaft während eures Lebens und zu euren Tagen und zu Lebzeiten des ganzen Hauses Israel in Eile und naher Zeit. Gepriesen sei sein großer Name von Ewigkeit zu Ewigkeit.« – Übereinstimmungen mit dem Vaterunser kann man grundsätzlich nur dankbar begrüßen. Sie betreffen die Namensbitte und die Reichsbitte. Gerade hier ist die Entsprechung auch inhaltlich vollständig, woraus ersichtlich wird, dass diese beiden Bitten auch (schon) im Judentum inhaltlich eng zusammengehören. Die Übereinstimmung lenkt den Blick auf die bereits vor dem definitiven Weltende und Gericht gegebene relative Präsenz des Reiches Gottes. Bei Matthäus erhält diese Vaterunserbitte erst durch ihren Kontext das stark eschatologische (Gericht und Weltende) Schwergewicht.

Es finden sich jedoch auch einige Unterschiede:

1. Es gibt kein jüdisches Gebet, das die Verknüpfung von Vater (was Kinder impliziert) und Reich kennt. Das wirft Licht auf eine bedeutende Eigenschaft der Botschaft Jesu: Reich Gottes und Gottessohnschaft Jesu stehen in enger Bindung zueinander (vgl. dazu K. Berger: *Die Bibelfälscher*, 2013, zu Mk 9,1).

2. Das jüdische Gebet enthält damit lediglich Parallelen zu den Er-Bitten, nicht aber zu den Wir-Bitten des Vaterunsers. Damit fehlt der soteriologische, d. h. der auf die Rettung der Menschen bezogene Aspekt. Gemeint sind hiermit insbesondere: Vergebung und Erlösung von dem Bösen.

3. Mit der Bitte um Eile enthält das jüdische Gebet zwar Analogien zu sehr vielen zeitgenössischen Gebeten von Heiden (Nichtjuden und Nichtchristen), doch im Rahmen der Verkündigung Jesu ist der Blick auf das Kommen Got-

tes in der Geschichte gerichtet, und damit steht Gottes Reich im frühen Christentum in Kontrast zu allen anderen irdischen Reichen. Mit der Erlösung von dem Bösen verbindet sich in dem Gebet und im Rahmen der weiteren Verkündigung Jesu auch die Auffassung, dass der Teufel hinter den bestehenden Weltreichen steht (vgl. Lk 4,5f.).

4. Der explizite Bezug auf Israel fehlt dem Gebet Jesu. Dafür nimmt das jüdische Gebet auf die Schöpfung als Ausdruck von Gottes Willen Bezug, was freilich dem Vaterunser nicht widerstreitet. Das kennzeichnend Christliche am Vaterunser bleibt damit die unter 1. bemerkte Verknüpfung von Reich (König) und Kindschaft (Jesus als Gottes Sohn).

13.1 Umsetzung als Gebet

Himmlischer Vater, du hast uns zur Freiheit berufen, das heißt: Du hast uns in die Freiheit hineingerufen, die du selbst bist. Denn wir sind geliebte Königskinder und Wunschkinder jenseits aller Ängste. Ich bin Christ, weil unser Glaube die Auferstehung kennt, den Sieg über den Tod. Da du uns vom Bösen befreist, gilt diese Freiheit und gilt dein Reich auch gegenüber dem Tod. Ich habe lange das gesucht, was stärker ist als der schier allmächtige Tod. Im Vaterunser darf ich um diese einzig für mich wichtige, letzte Freiheit bitten. Weil du so der Gott der Freiheit bist, kannst du auch alle Blockaden aufheben, die der Versöhnung entgegenstehen, wo immer sie ersehnt wird. Die Auferstehung in der Vertikalen, die Versöhnung in der Horizontalen – das gibt zusammen das Kreuz als Zeichen des Sieges.

14 Wie vollständig ist das Vaterunser?

Schon manche haben vermutet, das Vaterunser sei nur eine Art Themensammlung, in der beispielhaft einige Aspekte für Gebete genannt würden. Besonders die kürzere Lukas-Fassung legte diesen Schluss nahe.

Andere, wie beispielsweise unsere evangelischen Freunde, fanden, das Vaterunser sei in der herkömmlichen Form ohne Lobpreis, und den müsse man gegen den griechischen Wortlaut hinzufügen, um das Vaterunser im »biblischen Sinne vollständig« zu machen. Die so entstandene »protestantische Fassung« hat ihre Vorgeschichte in der Überlieferung des griechischen Textes des Vaterunsers und erweist sich bei genauere Betrachtung als gar nicht so protestantisch, wie es zunächst scheint. Luther übernimmt hier nur bereits im Mittelalter klassische Texterweiterungen, was freilich seinem Prinzip von der Sola Scriptura (es gilt allein die Bibel im Urtext) diametral entgegengesetzt ist. Bei unseren Betrachtungen zum Vaterunser haben wir vielmehr gesehen, dass alle beiden biblischen Fassungen dieses Gebets so, wie sie dastehen, einen höchst sinnvollen Text ergeben. Luther zerstört diese Gliederung. Das ist kein Verbrechen, aber es ist opportunistisch. Ähnlich verfährt Luther häufiger: Mittelalterliche Volkstexte, die dem Volk lieb und teuer waren, werden von ihm als eigenes Produkt übernommen (damals nicht strafbar) und damit erhalten; das gilt besonders von den »Büchlein« zu Taufe und *Ars moriendi* (Kunst des Sterbens).

14.1 Die Erweiterungen des Vaterunsers

Ein historisch und eben auch theologisch viel zu wenig beachtetes Phänomen ist die durchgehende Neigung, den Wortlaut des Vaterunsers durch Zusätze nach dem eigentlichen Schluss des Gebets zu erweitern und dadurch zu kommentieren. Bisweilen nimmt sich der Kommentator den gesamten Wortlaut des Vaterunsers noch einmal vor, um ihn Stück für Stück auszulegen. Das ist zweifellos eine archaische Art von Exegese, die technisch vom jüdischen Midrasch her zu erklären ist. Denn auch der Midrasch, besonders auch schon der Midrasch pescher aus den Qumrantexten, ist stets eine kommentierende (Wieder-)Aufnahme des vorgegebenen Textes. Diese Kommentierung hat eine doppelte Zielrichtung: Einmal geht es um die Hervorhebung dessen, was für den Kommentator das Wichtigste in dem Gebet darstellt; im Falle des Vaterunsers setzt das eine gewisse Verschlüsseltheit oder Unübersichtlichkeit des vorgegebenen Textes voraus.

Der Erste, der das Vaterunser in diesem Sinne erweitert, ist Jesus selbst nach dem Zeugnis des Matthäus: In Mt 6,14f. hebt er das in seinen Augen Zentrale aus dem Gebet hervor: »Denn wenn ihr den Menschen ihre Verfehlungen vergebt, dann wird euch auch euer Vater im Himmel vergeben. Wenn ihr das nicht könnt, kann auch Gott euch nicht vergeben.« – Es hat sich herausgestellt, dass mit der Vergebung die wichtigste Vorbedingung für die Erhörung jeglichen Gebets überhaupt genannt ist.

Schon die »Lehre der Zwölf Apostel« (Didache, außerkanonisch, um 60 n. Chr.) 8,2f. fügt dem Vaterunser eine Doxologie (Lobpreis) hinzu (»Denn dein ist die Kraft und die Herrlichkeit in Ewigkeit«), im Koine-Text (der im Mittelalter übliche griechische Text der Evangelien) wird diese Doxologie noch einmal erweitert. Der Preis, den man für eine derartige Erweiterung zahlt, besteht darin, dass hiermit der biblische (matthäische) Kontrast »dein Reich (V. 10) – der Böse (V. 13)« zurückgedrängt wird zugunsten des Stichworts »dein Reich«, das in der Doxologie aufgenommen wird: »Denn dein ist das Reich und die Kraft und die Herrlichkeit.« Dadurch wird die Befreiung von dem Bösen leicht überspielt, wohingegen die politische Brisanz erhöht wird (Reich Gottes als Kontrast zum Römischen Reich).

Die Textgeschichte von Lk 11,3 gehört im Übrigen nicht hierher, da es sich – wie bereits ausführlich erklärt – entweder um eine Ersetzung durch ähnlichen Wortlaut oder um die ursprüngliche Fassung handelt.

Weit verbreitet ist aber in allen altorientalischen Liturgien ein auf das Vaterunser folgendes Gebet, das mit dem »Libera« der lateinischen Messe grundsätzlich verwandt ist.

Die hier und in den liturgischen Parallelen gegebenen Interpretationen des Vaterunsers sind theologisch auch heute noch brisant und daher besonders zu würdigen. Im Unterschied zum Vaterunser selbst werden diese anschließenden Deutungen stets vom zelebrierenden Priester gesprochen.

Liturgie des Gregorios Abulfaraq (*Bar Hebraeus,* S. 466): »Es komme, Herr, dein Reich, und befreie du uns von dem Bösen, denn dieses ist dein Wille. Er möge uns schützen vor den Versuchungen des Gewaltsamen und gebe uns, dass wir nach deinem Willen leben. Und dass du uns unsere Sünden und Vergehen vergibst und uns gewährst, dass auch wir unseren Schuldnern vergeben und gerettet werden aus den Nachstellungen des Feindes. Denn du bist der König der Könige ...« – Die Bitte »Dein Wille geschehe« wird hier mit der Befreiung vom Bösen verknüpft. Der Schluss mit der Doxologie »König der Könige« passt gut zur Reichsbitte am Anfang.

Liturgie Michaels, des Patriarchen von Antiochien (S. 446): »Heilige uns durch deinen heiligen Namen, der über uns angerufen ist. Unser himmlischer Vater: Vollende und verwirkliche in uns deinen Namen. Es komme dein Reich, und deine Gottheit wohne unter uns wie im obersten Himmel. Und verlass uns nicht, sonst würden wir versucht, denn wir haben nicht die Kraft durchzuhalten. Befreie uns, Herr, von allem Bösen und von dem, was ihm ähnlich oder nahe ist. Gestatte nicht, dass der Wille des Bösen unter uns vollbracht wird, denn er wagt es, unseren Willen zu reizen ... Er will über uns regieren, aber wir sind deine Sklaven. Zertrete sein Haupt schnell unter unseren Füßen ...« – Originell ist die besondere Auslegung der Namensbitte. Das Reich wird gedeutet als Wohnen Gottes unter den Menschen, ganz biblisch im Sinne der Bundesformel. Die Bitte, vom Bösen zu befreien, wird angereichert. Bei der Versuchungsbitte wird die Schwäche der Menschen betont.

Liturgie des Johannes von Bosra (II 433): »Guter Vater, der du das Gute liebst, führe uns nicht in Versuchung, noch möge in uns herrschen irgendeine Bosheit. Befreie uns von bösen Werken ... Dass du uns befreist von schädlichen Schwächen ...« – Der Beter appelliert an Gott, der »das Gute liebt«. So wird Gott gewissermaßen ermuntert, das Böse zu bekämpfen.

Liturgie des Patriarchen Johannes d. Gr. (II 417) »Herr, Erbarmer, ... dass geheiligt werde in uns, die wir schwach und irdisch sind, dein Name, der herrlich und heilig ist. Und es komme dein Reich zu Hilfe unserer Schwachheit. Dein Wille ruhe und bleibe in unseren Herzen wie in den heiligen und himmlischen Heeren. Und befreie uns von allen ... gefährlichen Nachstellungen des Widersachers, denn dein ist das Reich und die Macht ...« – Auch hier werden die Schwächen der Menschen hervorgehoben. Die Verwirklichung des Willens Gottes läuft über die Herzen der Menschen.

Die Liturgie der heiligen Messe sieht es von alters her für nötig an, die Schlussbitte des Vaterunsers im Gebet »Libera nos« (Befreie uns von allem Bösen in Vergangenheit, Gegenwart und Zukunft) fortzuführen und zu entfalten.

Der Text des »Libera« lautet: »Erlöse uns, Herr, wir bitten dich, von allem Übel, sei es vergangen, gegenwärtig oder zukünftig. Und auf die Fürsprache der seligen, glorreichen, allzeit reinen Jungfrau und Gottesmutter Maria, wie auch deiner heiligen Apostel Petrus, Paulus, Andreas und aller Heiligen, gib barmherzig Frieden in unseren Tagen. Komm uns zu Hilfe mit deinem Erbarmen, dass wir von Sünden allzeit frei und vor jeder Verwirrung gesichert seien. Durch unseren Herrn Jesus Christus ...«

Das Ziel ist: »Gib barmherzig Frieden in unseren Tagen, ... damit wir stets frei sind von Sünde und bewahrt vor aller Verwirrung ...« Beide Zielangaben sind in apokalyptischem Kontext zu verstehen: In der Endzeit herrscht nicht Frieden, sondern Krieg aller gegen alle. Und Verwirrung stiftet der Antichrist, indem er den wahren Christus nachäfft. – Die Friedensbitte nehmen dann der Friedensgruß und das unmittelbar nachfolgende »Agnus Dei« wieder auf. So leuchtet im Kontext der liturgischen Rolle des Vaterunsers in der Messliturgie etwas auf vom Sinn und Ziel dieses Gebets: Sein Ziel ist die Bitte um Frieden. Demnach liefert die Liturgie selbst die beste Auslegung dieses Gebets Jesu. Insofern direkt im Anschluss der Frieden im Friedensgruß mitgeteilt wird, zeigt sich, dass es hier nicht nur theoretisch um Frieden geht. Vielmehr geben die Gläubigen einander ein »Zeichen des Friedens« und realisieren auf diese Weise etwas aus dem Kernbereich des Gebetes: Vergib uns, so wie auch wir vergeben haben und das gleich sichtbar machen werden. – Dass diese Deutung zutrifft, haben wir schon bei dem Zusatz studiert, die der Evangelist zum Vaterunser in 6,14f. liefert: »Wenn ihr den Menschen vergebt, wird euch auch euer himmlischer Vater vergeben, wenn nicht …, dann nicht.« Diesen Kommentar, den schon Jesus selbst zum Vaterunser gibt, greift die Messliturgie auf und verwirklicht ihn durch Segensgruß und das realsymbolische Tun der Gläubigen.

Liturgie des Clemens Romanus (II 197): »Vater der Gnade, aus dem hervorgeht und entsteht die Heiligkeit für die Heiligen, dein Reich komme, das alle Reiche überragt, zu unserer Rettung. Und führe uns nicht in Versuchung oder zur Verwirrung aus der Behelligung. Befreie uns vielmehr von der Macht des Teufels und der bösen Geister, von der Macht des Betrügers. Denn dein ist Macht, Herrlichkeit, Gewalt.«

Anaphora des hl. Johannes Chrysostomus (II 252): »Gewähre uns allen durch deine Gnade, dass in uns schwachen und irdischen Menschen dein herrlicher und heiliger Name geheiligt wird und dass dein Reich komme zur Hilfe unserer Schwachheit und dass ruhen möge und bleibe dein Wille in unseren Herzen wie auch in deinen heiligen und himmlischen Heeren. Befreie uns auch von allen schweren Versuchungen, die unsere Kräfte übersteigen, und befreie alle, die dich anbeten, von allen Nachstellungen und bösen Hinterhalten des Teufels, denn dein ist …«

Schlusswort

Das Vaterunser ist ein testamentarisches und zugleich ein exorzistisches Gebet. – Als testamentarisches Gebet bindet es den Frieden mit Gott an den Frieden unter Menschen. Dabei besitzt die Vergebung unter Menschen eine bemerkenswerte – jedenfalls zeitliche – Priorität. Und für die Besiegung des dämonisch Bösen weist dieses Gebet keinen anderen Weg als sich selbst. Doch jegliches Beten wird nur erhört, wenn ein mitmenschliches Versöhnungshandeln vorausgeht. Dem Menschen wird viel zugemutet, aber er kann nur wenig tun: beten und vergeben. Und weil Vergebung Neuschöpfung ist, müssen wir deshalb damit anfangen, weil wir die alte Schöpfung zerstört haben.